HEINRICH SCHOLLER

Die Interpretation des Gleichheitssatzes
als Willkürverbot oder als Gebot der Chancengleichheit

Schriften zur Rechtstheorie

Heft 16

Die Interpretation des Gleichheitssatzes als Willkürverbot oder als Gebot der Chancengleichheit

Von

Dr. Heinrich Scholler

DUNCKER & HUMBLOT / BERLIN

Alle Rechte vorbehalten
© 1969 Duncker & Humblot, Berlin 41
Gedruckt 1969 bei Buchdruckerei Bruno Luck, Berlin 65
Printed in Germany

Meiner Frau

Vorwort

Die Angst vor der Gleichheit prägt die Interpretation dieses Grundrechts bis zum heutigen Tag. Ein von der Verfassung schrankenlos gewährleistetes Menschenrecht ist in Rechtsprechung und Schrifttum so entschärft worden, daß nur bei äußerster Willkür eine Verletzung dieses Grundrechts angenommen wird.

Andererseits werden die Gerichte geradezu übeschwemmt mit Rechtsmitteln, welche sich auf die Verletzung des Gleichheitssatzes berufen. Hinter diesem oft als ärgerlich beklagten Mißstand übersieht man allzu leicht ein brennendes Rechtsproblem der Gegenwart: Die Verwirklichung der Idee der Gleichheit in unserer Zeit.

Die Zurückhaltung der Rechtsprechung bei der Handhabung dieses Grundrechts steht in so auffälligem Widerspruch zur Häufigkeit und Beliebtheit der damit begründeten Ansprüche oder Querelen, daß sich hier eine immer größere Kluft zwischen Juristenrecht und Laienverständnis oder sagen wir Rechtsgefühl aufzutun droht. Schon zeigen Entwicklungen in Rechtsprechung und Schrifttum, daß sich eine Wandlung im Verständnis des Gleichheitssatzes anbahnt. Unter dem Schlagwort der Chancengleichheit wird eine radikalere Konkretisierung des Gleichheitssatzes gefordert. Die vorgelegte Arbeit möchte als ein Versuch verstanden sein, der Idee der Gleichheit als Chancengleichheit nachzugehen. Dabei war eine Begriffserklärung und eine knappe Darstellung der geschichtlichen Entwicklung der Chancengleichheitsidee, wie eine Betrachtung der methodischen und rechtstheoretischen Interpretationsprobleme voranzustellen. Die Arbeit sollte nicht bei einer Kritik an der „Willkür-Rechtsprechung" stehen bleiben. Es sollte deshalb versucht werden, den Chancengleichheitsgedanken einerseits mit der Ermessenslehre in der Verwaltung, andererseits mit der alten, aber auch wieder modernen Vorstellung von Prozeßgleichgewichten in Verbindung zu bringen. Daß letzten Endes eine solche Neuorientierung der Interpretation des Gleichheitssatzes auch ein verändertes Staatsbild bedingt und sich beides wechselseitig beeinflußt, dürfte leicht einsehbar sein. Damit sind aber auch schon die Grenzen dieser Untersuchung wie der Interpretation schlechthin aufgezeigt, die vor der Verfassungsumwandlung einhalten und die Aufgabe dem Gesetzgeber überlassen müssen.

im September 1969

Heinrich Scholler

Inhaltsverzeichnis

I. Materielle und funktionelle Struktur der Chancengleichheit 13

1. Ausgangspunkt der liberalen Rechtsanwendungsgleichheit 13
2. Das Sozialstaatsprinzip 13
3. Begriff der Chancengleichheit 14
   a) Chancengleichheit als Teil egalitärer Gleichheiten 14
   b) Chancengleichheit als Recht auf Glück 16
   c) Chancengleichheit und Freiheit 17
4. Chance und Verwaltungsrecht 18
   a) Die Verrechtlichung der Chancen im Prozeßrecht 18
   b) Die Verrechtlichung der Chance im Verwaltungsrecht 19
5. Die funktionelle Seite der Chancengleichheit 26
   a) Der gemeinverträgliche Gemeingebrauch 27
   b) Die Anstaltsnutzung 28
   c) Negative und positive Chancengleichheit 29
6. Chancengleichheit als prozessuale Waffengleichheit 30

II. Die Interpretation des Gleichheitssatzes als methodisches und rechtstheoretisches Problem 33

1. Die stereotype Konkretisierung des Gleichheitssatzes als Willkürverbot 33
2. Kritische Stimmen zur Leerformelinterpretation 33
3. Rechtstheoretische Gründe für die Schwierigkeit der Konkretisierung des Gleichheitssatzes 34
   a) Der Wertrelativismus 34
   b) Präponderanz der Gesetzgebung 34
   c) Demokratischer Relativismus 35

III. Die Unzulänglichkeit der Willkürinterpretation 36

1. Die Konkretisierung zu besonderen Gleichheitsgeboten (Gleichheitssätzen) 36
   a) Besondere Gleichheitsgebote auf der Ebene der Verfassung oder des Gesetzes 36
   b) Das Verhältnis des allgemeinen Gleichheitssatzes zu den besonderen Gleichheitssätzen 38
2. Exemplikative Erörterungen des Interpretationsproblems an Hand der höchstrichterlichen Rechtsprechung 38
   a) Der Gleichheitsgedanke und das Sonderopfer im Enteignungsrecht 38
   b) Abgabengleichheit und Steuergleichheit 40

c) Der Gleichheitssatz in der sozialrechtlichen Rechtsprechung 40
d) Der Gleichheitssatz im Kultus- und Bildungswesen 44
e) Gleichheit oder Chancengleichheit auf wirtschaftlichem Gebiet 47

IV. Die Entwicklung des Chancengleichheitsgedankens 51

1. Der Gleichheitssatz und die Chancengleichheit im Zivilrecht 51
   a) Justitia commutativa und distributiva im Privatrecht 51
   b) Waffen- und Chancengleichheit im Arbeitsrecht 52

2. Die Chancengleichheit auf der Ebene des politischen Kampfes 53
   a) Wahlgleichheit als Chancengleichheit 53
   b) Parteienfinanzierung und Chancengleichheit 54

3. Einwände gegen die Chancengleichheit 55
   a) Rechtsphilosophische Bedenken 55
   b) Der weite Ermessensspielraum bei darreichender Verwaltung 57
   c) Der Vorwurf der mangelnden Justitiabilität 57

V. Verwaltung und Chancengleichheit 59

1. Legislatives und administratives Ermessen 59

2. Geschichtliche Entwicklungslinien 62

3. Die Bedeutung einer formalen Gleichheit für die moderne Verwaltung 64
   a) Das Fehlen einer dogmatischen Rechtfertigung 64
   b) Die Bedeutung des Gleichheitsgebotes für die Verwaltung 65
   c) Chancengleichheit als Aufgabe der Verwaltung 69

VI. Einzelfragen der Gleichbehandlung durch die Verwaltung 76

1. Gleichheit und Prioritätsgrundsatz 76
   a) Der Gleichheitssatz im Rahmen des Beurteilungsspielraumes 77
   b) Die Frage der Beschwer 78
   c) Prioritäts- oder Losentscheidung 79
   d) Geltung des Prioritätsgrundsatzes 80
   e) Demokratische Verwaltungsstrukturen und Prioritätsgrundsatz 82

2. Chancengleichheit und Verwaltungsverfahren 84
   a) Der Musterentwurf für ein Verwaltungsverfahrensgesetz (EVwVerfG 1963) 84
   b) Untersuchung einiger Grundsätze des EVwVerfG 1963 85

VII. Prozeßgleichgewichte und Chancengleichheit 89

1. Der staatsrechtliche Gleichgewichtszustand 89

2. Ungleichgewichte Staat — Gesellschaft und das gesamtwirtschaftliche Gleichgewicht 89
   a) Der Begriff des gesamtwirtschaftlichen Gleichgewichts 90
   b) Verfassungsrechtliche Probleme eines „dynamischen" Gleichheitssatzes 90

3. Chancengleichheit oder Diskriminierung durch Globalsteuerung 92
   a) Ungleichheit der Chancen als Mittel der Globalsteuerung? 93

b) Privilegierung durch Globalsteuerung? 94
c) Korrekturmöglichkeit oder Umstrukturierung? 94

4. Die Interpretation des Prozeßgleichgewichtes als Rechtfertigung 95

5. Gewaltenteilung und Gewaltenbalancierung 97

6. Parität als Balance oder Chancengleichheit 98

VIII. Der Standort der Chancengleichheit unter dem Aspekt der Staatsstruktur 100

1. Identität von rechtsstaatlichem Gesetz und Gleichheit im liberalen Rechtsstaat 100

2. Persönliche Rechtsgleichheit und Privilegierungsverbot als Sinngestalt des demokratischen Staatsbildes 100

3. Formale Gleichheit und Chancengleichheit als Strukturmerkmale der pluralistischen Gesellschaft 101

Verzeichnis der benutzten Literatur im Auszug 104

Abkürzungsverzeichnis

a.a.O.	am angegebenen Ort
AcP	Archiv für die civilistische Praxis
ALR	Allgemeines Landrecht
AöR	Archiv für öffentliches Recht
ARSP	Archiv für Rechts- und Sozialphilosophie
AVAVG	Gesetz über Arbeitsvermittlung u. Arbeitslosenversicherung
BayBS	Bayerische Bereinigte Sammlung
BayGO	Bayerische Gemeindeordnung
BayOLG (Z)	Bayerisches Oberstes Landesgericht (Entscheidungen in Zivilsachen)
BayVBl	Bayerische Verwaltungsblätter
BayVerfG (E)	Bayerisches Verfassungsgericht (Entscheidung)
BayVerwG (E)	Bayerisches Verwaltungsgericht (Entscheidung)
BayVGH (E)	Bayerischer Verwaltungsgerichtshof (Entscheidung)
BayWG	Bayerisches Wassergesetz
BB	Der Betriebsberater
BBauG	Bundesbaugesetz
Betr.	Der Betrieb
BGB	Bürgerliches Gesetzbuch
BGBl	Bundesgesetzblatt
BGH (Z)	Bundesgerichtshof (Zivilsachen, Entscheidungen)
BK	Bonner Kommentar
BTDr	Bundestags-Drucksache
BWGöD	Gesetz zur Regelung der Wiedergutmachung nationalsozialistischen Unrechts für Angehörige des öffentl. Dienstes
DBG	Deutsches Beamtengesetz
DJT	Deutscher Juristentag
DÖV	Die öffentliche Verwaltung
DRiZ	Deutsche Richterzeitung
Dsiöd	Der Schwerbeschädigte im öffentl. Dienst
DVBl	Deutsches Verwaltungsblatt
EVwVerfG	Musterentwurf eines Verwaltungsverfahrensgesetzes

FamRZ	Ehe und Familie im privaten und öffentlichen Recht
FVGE	Fürsorgerechtliche Entscheidungen der Verwaltungsgerichte
GBO	Grundbuchordnung
GG	Bonner Grundgesetz
GVBl	Gesetz- und Verordnungsblatt
JÖR	Jahrbuch des öffentlichen Rechts der Gegenwart
JR	Juristische Rundschau
JUS	Juristische Schulung
JZ	Juristenzeitung
LM	Lindenmaier-Möhring, Nachschlagewerk des Bundesgerichtshofs
MDR	Monatsschrift für Deutsches Recht
NDBZ	Neue Deutsche Beamtenzeitung
NDV	Nachrichtendienst des Deutschen Vereins für öffentliche und private Fürsorge
n. F.	neue Folge
NJW	Neue Juristische Wochenschrift
OLG	Oberlandesgericht
OVG	Oberverwaltungsgericht
PBefG	Personenbeförderungsgesetz
RdNr.	Randnummer
RefE	Referentenentwurf
RdA	Recht der Arbeit
RdL	Recht der Landwirtschaft
RiA	Das Recht im Amt
RWS	Recht - Wirtschaft - Schule
SchlHAnz	Schleswig-Holsteinischer Anzeiger
SGB	Die Sozialgerichtsbarkeit
StT	Der Städtetag
VGH	Verwaltungsgerichtshof
VerwArch.	Verwaltungsarchiv
VerwRspr.	Verwaltungsrechtsprechung
VVdStRL	Veröffentlichung der Vereinigung der deutschen Staatsrechtslehrer
VwGO	Verwaltungsgerichtsordnung
WHG	Bundeswassergesetz
ZevKR	Zeitschrift für evangelisches Kirchenrecht
ZRP	Zeitschrift für Rechtspolitik

I. Materielle und funktionelle Struktur der Chancengleichheit

1. Ausgangspunkt der liberalen Rechtsanwendungsgleichheit

Die Konkretisierung des Gleichheitssatzes ist abhängig von Staatsbegriff und Staatsbild[1]. Art. 3 Abs. 1 GG zeigt dies, indem er entgegen Art. 1 Abs. 3 GG von Gleichheit vor dem Gesetz als der Rechtsgleichheit[2] spricht. Demgegenüber ist auch der Gesetzgeber selbst dem Gleichheitssatz unterworfen[3]. Die Idee der Rechtsanwendungsgleichheit ist Ausdruck des liberalen Rechtsstaates, der nach Wegfall des demokratisch-politischen Moments, dessen erster großer Verfechter Robert von Mohl war[4], als formaler Rechtsstaatsgedanke fortlebte.

Reiner Rechtsstaatsbegriff, wie wir ihn bei Otto Mayer[5] dann sehen, ist Ausdruck der „wohlgeordneten Verwaltung", gekennzeichnet durch Mehrwert, Vorrang und Vorbehalt des Gesetzes, unter welchem sich, oder vor welchem die Gleichheit zur Entfaltung kommt.

2. Das Sozialstaatsprinzip

Hat die Verankerung des sozialen Rechtsstaates in Art. 20/28 GG auch eine Änderung der Gleichheitskonzeption mit sich gebracht? Das GG enthält Ansatzpunkte hierzu in dem Postulat der Gleichberechtigung von Mann und Frau[6] Art. 3 Abs. 2 GG, dem Verfassungsauftrag zur Gleich-

---

[1] Dem aristotelischen Staatsbild entspricht eine proportionale Gleichheitsvorstellung (*Aristoteles*, Nikomachische Ethik, 5, 5, 1130 b 30—1131 a 1; *Thomas von Aquin*, Summa theologiae, II, II qu. 61 1 co.), während dem rationalen namentlich bei Descartes, ein mathematisches Staatsbild auf Basis der Substanzgleichheit entspricht. Vgl. hierzu W. *Böckenförde*, Der allgemeine Gleichheitssatz und die Aufgabe des Richters, Berlin 1957, S. 24, 39.

[2] *Schnabel*, Deutsche Geschichte im 19. Jh., I, 3. Aufl., Freiburg 1947, S. 110; *Aldag*, Die Gleichheit vor dem Gesetz in der Reichsverfassung, Berlin 1925, S. 14—20.

[3] *Hesse*, Grundzüge des Verfassungsrechts, Karlsruhe 1967, S. 163/166; *Böckenförde*, a.a.O., S. 39 ff.; *Lerche* betont die Verabschiedung des Gleichheitssatzes im Enteignungsrecht und hält allenfalls einen sehr viel engeren Gleichheitsbegriff für vertretbar (*Lerche*, Übermaß und Verfassungsrecht, Köln 1961, S. 183 ff.). Nicht der Erforderlichkeitsgedanke, sondern das gewandelte Staatsbild sind hierfür verantwortlich.

[4] *E. Angermann*, Robert von Mohl, Neuwied 1962; *Schneuner*, Juristentagsfestschrift 1960, II, 229; *E. v. Hippel*, Staatslexikon V, Sp. 804.

[5] *Mayer*, Deutsches Verwaltungsrecht, 3. Aufl., München 1924, I, S. 65 ff.

[6] BGHZ 30, 50 (Höfe-Ordnung); BVerfGE 3, 239; zum Begriff der Gleich-

stellung des unehelichen mit dem ehelichen Kinde[7] Art. 6/V GG. Es erhebt sich nun die Frage, ob auch die Interpretation des allgemeinen Gleichheitssatzes in Art. 3/I GG eine dem Wandel des Staatsbegriffes entsprechende Modifikation erfahren hat; mit anderen Worten: ist die herrschende Willkürinterpretation des Art. 3/I GG dem sozialen Rechtsstaatsdenken adäquat oder nicht.

3. Begriff der Chancengleichheit

Ein anderer Zugang zu der Fragestellung eröffnet sich vom Begriff der Chancengleichheit her. Die begriffliche Zusammenziehung von Chance und Gleichheitsidee hat eine substantielle und eine funktionelle Seite.

Substantiell will der Begriff, ähnlich wie andere dieser Art (z. B. Lasten- oder Steuergleichheit, Rechtsschutzanwendungsgleichheit) eine Hinführung des Gleichheitssatzes auf die Chance bewirken. Wie der Begriff der Gleichheit nie absolut, sondern nur relativ zur Freiheit verstanden werden kann, so kann auch der Begriff der Chancengleichheit nur in seiner Zuordnung[8] zur Freiheit begriffen werden. Verstehen wir die Chancengleichheit als Verdichtung des Gleichheitssatzes im Sinne einer „Égalité des Conditions"[9], so reiht sich die Chancengleichheit in eine Reihe anderer egalitärer Gleichheitspostulate ein.

a) Chancengleichheit als Teil egalitärer Gleichheiten

Zu diesen anerkannten egalitären Statusgleichheitspostulaten gehören nach Dürig[10] Rechtsgleichheit, Rechtsschutzgleichheit, Rechtliches Gehör,

---

wertigkeit der Geschlechter: BVerfGE 15, 345; 17, 12; 17, 38; 17, 50. Das Gericht wendet sich aber ausdrücklich gegen „Gleichmacherei": 3, 240; 5, 12.

[7] *Becker*, Zum RefE, NDV 1966, 301; *Göppinger*, Betrachtungen zum RefE, FamRZ 1966, 418. Der Entwurf über die rechtliche Stellung der unehelichen Kinder vom 7. Dezember 1967 (BTDrucks. V 2370) geht in der Begründung (S. 19) auf das Problem der Gleichstellung und der Schaffung gleicher Bedingungen ein und sieht darin etwas Verschiedenes, weil schematische Gleichstellung für das uneheliche Kind nicht Chancengleichheit ist (BTDrucks. V 2370, S. 19). In diesem Zusammenhang wird vor allem die Amtsvormundschaft erwähnt (vgl. BRDrucks. 351/68 vom 4. 10. 1968 und BRDrucks. des Rechtsausschusses 351/1/68 vom 26. 9. 1968). Zur Bedeutung des Art. 6 Abs. 5 GG gegenüber dem Gesetzgeber, vgl. nunmehr den Beschluß des BVerfG v. 29. 1. 1969, NJW 1969, Heft 12, Pressemitteilungen.

[8] Das BVerfG gebraucht den Begriff der Zuordnung zur Abgrenzung von Freiheit und Freiheitsschranke im Rahmen der Wechselwirkungstheorie (BVerfGE 20, 162 = NJW 1966, 1603 ff.). Hier wird der Begriff Zuordnung anders verstanden.

[9] *Tocqueville*, Demokratie in Amerika, Frankfurt 1956, S. 39. Feldhoff verneint, daß für Tocqueville zwischen den egalitären und liberalen Prinzipien ein Kontradiktions- oder Identitätsverhältnis bestanden habe. Er tritt hier

I. Materielle und funktionelle Struktur der Chancengleichheit

Rechtsanwendungsgleichheit (egalitäres Recht auf: Nichtabweichen, Nicht-unangewendetlassen, pflichtmäßiges Ermessen), Menschenrechtsgleichheit im Rahmen der Menschenwürde, Elementarrechte (Lebenserhaltung, Eheschließung usw.), wirtschaftliche Gleichheit als Gleichheit der Chance (Beruf, Ausbildung, Eigentum, nicht Nivellierung), gleiches Existenzminimum, Opferausgleichssatz[11], also ganz verschiedene Basisrechte. Die Chancengleichheit wird von Dürig als berufliche, wirtschaftliche und wohl auch bildungsmäßige Startgleichheit verstanden. Abgesehen von der Garantie eines egalitären Minimumstandards bleibt zwischen dieser Startgleichheit und dem Chancengleichheitsanspruch der Gescheiterten auf den minimum-standard of life ein weiter Spielraum für Differenzierung und Ungleichheiten. Die egalitäre Gleichheit der Basisrechte bleibt aber doch dem Wesen nach eine égalité en droit, denn nur rechtlich gewährleistete Positionen gehören zu diesen „Basisrechten". Basis-Chancen werden von dieser égalité en droit nicht erfaßt. Soweit der Gesetzgeber Basis-Chancen nicht umformuliert in Rechtspositionen, oder voll ausgestaltete subjektiv-öffentliche Rechte, würden sie weder von einer egalitären, noch einer distributiven Gleichheit, einer Gleichheit des suum cuique tribuere, erfaßt und geschützt werden. Neben die egalitär-formalen Basisrechte als einer égalité en droit muß deshalb die égalité en fait[12] treten, um die Einbeziehung von Basis-Chancen in den Gleichheitsschutz gewährleisten zu können. Wieweit égalité en fait zu gewähren ist, das heißt, wie weit der Gesetzgeber korrigierend in die Seinsstrukturen der sozialen Um- und Mitwelt eingreifen muß, um faktische Ungleichheiten auszuräumen, kann selbstverständlich nicht dem Gleichheitssatz entnommen werden. Dieser gibt nur den Imperativ, daß Gleiches gleich zu behandeln sei, nicht dagegen die Wertung, was normativ und wertend als gleich anzusehen ist. Normen außerhalb des Gleichheitssatzes, die speziellen Gleichheitssätze, aber vor allem die auf die Sozialwelt bezogenen und auf sie einwirkenden Normen der Verfassung, wie z. B. das Sozialstaatsprinzip, erteilen hier dem Gleichheitssatz die Weisung, auch eine égalité en fait herzustellen. Eindeutig geschieht dies in Art. 6 Abs. 5 GG, der von der Schaffung gleicher Bedingungen für die unehelichen Kinder spricht. In der Diskussion um die

---

Laski und Talmon wie auch Dahrendorf entgegen *(Feldhoff,* Die Politik der egalitären Gesellschaft, Köln 1968, S. 53/54 und S. 118).

[10] *Dürig,* Staatslexikon, Freiburg 1959: Gleichheit, Bd. 3, Sp. 984.

[11] *Forsthoff,* DÖV 1965, 289. Dies verkennt gründlich die Entscheidung des BGH v. 16. 9. 1967, DVBl 1967, 236, die den Aufopferungsanspruch bei Verletzung im Turnunterricht wegen des allgem. Lebensrisikos verneint.

[12] Egalité entre les situations différentes: *Jaenicke,* Der Begriff der Diskriminierung im modernen Völkerrecht. *Strupp/Schlochauer,* Wörterbuch des Völkerrechts, Bd. I, 1960, S. 387, 690; *Zimmermann,* Die Preisdiskriminierung im Recht der Europäischen Gemeinschaft für Kohle und Stahl, Frankfurt 1962, S. 44, Anm. 79/80.

Ausdeutung zwischen dem Begriff der Gleichberechtigung in Art. 3 Abs. 2 GG und der Schaffung gleicher Bedingungen in Art. 6 Abs. 5 GG, hat man in der Bedingungsgleichheit ein Weniger sehen wollen, als in der Gleichberechtigung[13]. Letztere hat man ohne weiteres als egalitäres Basisrecht mit reduziertem Differenzierungsspielraum angesehen, während man die Bedingungsgleichheit in Beziehung zu Art. 3 Abs. 1, also zum Willkürverbot setzen wollte. Es handelt sich jedoch weder um ein minus, noch sonstwie um eine Ausformung des allgemeinen Gleichheitssatzes, sondern um ein aluid, nämlich die égalité en fait. Die faktischen und sozialen Ungleichheiten sollen im Auftrag der Verfassung aufgehoben werden. Es handelt sich somit um einen echten Fall von Chancengleichheit auf Verfassungsebene.

b) Chancengleichheit als Recht auf Glück

Die Chancengleichheit darf wohl nicht so restriktiv ausgelegt werden, daß sie nur beim Eintritt in das Berufs- und Bildungsalter gleiche Voraussetzungen gewährt, vielmehr muß aus der Sozialstaatlichkeit gefordert werden, daß der Staat neben der Startgleichheit als égalité des conditions und der Minimumstandardgleichheit Korrekturen vorsieht, die Verzerrungen des sozialen Körpers hintanhalten oder wieder beseitigen. Dahrendorf spricht hier von Decke und Fußboden, die die Hierarchie des Ranges im Interesse staatsbürgerlicher Gleichheit begrenzen[14]. Nun wird man den Begriff der Chancengleichheit mißverstehen, wenn man in ihm die Einebnung aller sozialen Differenzierungen und Höhenunterschiede sieht. Versteht man unter Chance — das Wort kommt aus dem Französischen und leitet sich aus dem lateinischen cadentia — Glücksfall — ab die Möglichkeit der Selbstverwirklichung zu einer harmonischen Lebensgestaltung, so gerät man unversehens in die Nähe der in den nordamerikanischen Verfassungen garantierten Menschenrechte auf happiness[15]. Chance ist demnach die Schaffung eines allgemeinen Erwartungshorizontes unantastbarer Ausgangspositionen und unüberschreitbarer Zielgrenzen unter rechtlicher Verfestigung dieser Erwartungen zu Muß-Erwartungen. Die Verknüpfung der Chancengleichheit mit dem Recht auf Glück in einer rechtlich verfestigten Form zeigt weiterhin, daß es darum geht, die Zufallsfälle[16] des Lebens, das individuelle Unglück,

---

[13] Vgl. Anm. 7 und II, Anm. 1.
[14] *Dahrendorf*, Reflektionen über Freiheit und Gleichheit, in Hamburger Jahrb. f. Wirtschafts- u. Gesellschaftspolitik, Festausgabe für Eduard Heimann, 4. Jg., Tübingen 1959, S. 56 ff.
[15] Verfassung von Virginia vom 12. 6. 1776, Sect. 1: "Namely the enjoyment of life and liberty with the means of acquiering an possessing property and persuing and obtaining happiness and safety."
[16] Dies gilt z. B. für das Mutterschutzrecht. Vgl. zur Reform: *Schulte/Langforth*, NDV 1965, 352; *Welzel*, BB 1965, 1441.

auszuschalten, um somit die Bahn für einen allgemeinen und gleichen Erwartungshorizont der Selbstverwirklichung freizumachen[17].

Bestandteil dieses Erwartungshorizontes sind Eigentum und Einkommen, Bildung und Beruf, Prestige und Autorität.

c) Chancengleichheit und Freiheit

Die Bedrohung der Freiheit durch Chancengleichheit ist theoretisch möglich. Nach Dahrendorf[18] ist die Gleichheit immer dann Bedingung der Möglichkeit der Freiheit, wenn sie sich auf den Rang der menschlichen Existenz bezieht, aber eine Bedrohung der Chance der Freiheit, wenn sie auch die Weise der menschlichen Existenz betrifft. Zulässig ist nach ihm nur die egalitäre Eingrenzung des sozialen Feldes nach unten, um die poverty-line auszuschalten, und die Maximalbegrenzung nach oben, um den Umschlag von Eigentum, Einkommen oder Autorität in rational unkontrollierbare Macht auszuschließen. Die Idee der Rehabilitation[19], wie sie für den Kriegs- oder Zivilversehrten oder auch den sozial Gescheiterten sich entwickelt hat, zeigt aber deutlich, daß es nicht der Gesellchaft überlassen werden kann, zwischen Decke und Fußboden der Hierarchie der Ränge, Glück und Unglück willkürlich zu verteilen. Auch die Idee eines zweiten und dritten Bildungsweges[20] zeigt den Versuch, eine vielleicht verpaßte Chance wiederum zu gewähren. Die Idee der Chancengleichheit als Glücksverwirklichung ist Bedingung der Freiheit auch dann, wenn der Spielraum zwischen Begrenzung nach unten und oben durch Chancenwiederholung verengt wird. Nur wenn man die Chancengleichheit als Gebot zur Egalisierung und Nivellierung aller sozialen Differenzen zu jedem denkbaren Zeitpunkt gesellschaftlichen Daseins verstünde, würde das Agens der Spannung von Gleichheit und Ungleichheit aufgehoben und die Freiheit eingeebnet[21]. Im Begriff der Chance

---

[17] Dahrendorf, a.a.O., S. 66 ff.; T. H. Marshall, Citizenship and Social Class, Cambridge 1950, S. 30, 31. Zum Versicherungsgedanken bei Leibnitz, vgl. Schmitt-Lermann, Der Versicherungsgedanke im deutschen Geistesleben des Barock und der Aufklärung, München 1954, S. 47 ff.

[18] Dahrendorf, a.a.O., S. 78.

[19] Eine Übersicht über den Stand der Rehabilitation gibt der Bericht in NDV 1961, 190. Burghardt, Wirkungen und Grenzen der Sozialpolitik, Die neue Ordnung, 1961, 12 ff.

[20] Zur Bedeutung der Sozialstaatsklausel siehe Zacher, AöR 93, 341.

[21] Der häufige pejorative Gebrauch des Wortes „egalitär" in der modernen Rechtsprechung wird vom BayVerfGH durch die Formulierung „egalitaristisch" umgeprägt. Ob dadurch ein Unterschied zwischen egalitärem und egalitaristischem Gleichheitssatz gemacht werden soll, bleibt offen (BayVerfGH, NJW 1966, 393; DÖV 1966, 793). Schultz/Schäffer, Die Staatsform der BRD, Berlin 1966, S. 147.

liegt ja immer auch die Möglichkeit des Nichtergreifens und Scheiterns[22] und damit die Gewährleistung problematischer und assertorischer Freiheit.

4. Chance und Verwaltungsrecht

Auf dem Boden des Verwaltungsrechts zeigt sich der substantielle Gehalt der Chance als kann- oder soll-Erwartung, wenn das Verhältnis des Bürgers zur Verwaltung durch Ermessensfreiheit der Behörde gekennzeichnet ist.

a) Die Verrechtlichung der Chancen im Prozeßrecht

Das Bestreben des rechtsstaatlichen Verwaltungsdenkens war es von jeher, den Ermessensspielraum, den man als rechtsstaatswidrig empfand, zu kontrollieren und einzuschränken. Die Kontrollen der Ermessensbetätigung wurden von den innerbehördlichen Kontrollorganen auf abgesonderte und verselbständigte Spruchkörper verlegt, die im Lauf der Zeit zur eigenen Gerichtsbarkeit ausgebaut wurden[23]. Den Abschluß dieser Entwicklung bildet die Einführung der Generalklausel, die damit auch im öffentlichen Recht den chancengleichen Zugang aller Bürger in allen Rechtssachen bedeutete[24]. Der aus Art. 19 Abs. 4 GG entspringende Anspruch auf Rechtsschutz[25] gegen alle Maßnahmen der öffentlichen Gewalt hat die ursprüngliche Chance auf Rechtsverwirklichung durch Aufsichtskontrolle oder durch gerichtliche Klage in einen rechtsförmlichen Anspruch verwandelt und darüber hinaus diesen Anspruch grundrechtlich erhöht und abgesichert[26]. Am Beispiel der ausgebauten Verwaltungsgerichtsbarkeit[27] — der allgemeinen wie der besonderen Verwaltungs-

---

[22] Das Fehlschlagenkönnen wird vom BVerfG in der Entscheidung zur Parteienfinanzierung gerade als Kriterium und Konsequenz staatlicher Unabhängigkeit gewertet (BVerfGE 20, 36 = DVBl 1966, 636).

[23] Einen historischen Rückblick geben: *Rüfner*, Verwaltungsrechtsschutz im 19. Jh. vor Einführung der Verwaltungsgerichtsbarkeit, DÖV 1963, 719; *Thierfelder*, DVBl 1963, 649. Über die Entwicklung der letzten 100 Jahre in der Verwaltungsgerichtsbarkeit berichten insbesondere: *Menger*, DÖV 1963, 726; *Reuß*, JR 1963, 321 und der Sammelband: Staatsbürger und Staatsgewalt, Jubiläumsschrift aus Anlaß des 100jährigen Bestehens der deutschen Verwaltungsgerichtsbarkeit und des 10jährigen Bestehens des BVerwG, hrsg. v. Külz/Naumann, Karlsruhe 1963; sowie: Aus 100 Jahren Verwaltungsgerichtsbarkeit, hrsg. v. Baring, Köln 1963.

[24] *Imboden*, Staatsbild und Verwaltungsrechtsprechung, Berlin 1963; *Fellner*, DVBl 1963, 482.

[25] Die Rechtsweggarantie greift nicht bei Chancen ein, da sie selbst Rechte nicht gewährt vielmehr voraussetzt, sondern nur, wenn die Chance sich zum Recht verdichtet hat, BVerfGE 15, 281.

[26] *Maunz/Dürig*, RdNr. 1 und 2 zu Art. 19 IV GG.

[27] *Fellner*, a.a.O., S. 482; *Naumann*, DÖV 1963, 732; *Becker*, RiA 1963, 241; *Buri*, JZ 1963, 577; *Henrichs*, DÖV 1963, 401; *Schäfer*, MDR 1963, 537.

I. Materielle und funktionelle Struktur der Chancengleichheit

gerichtsbarkeiten — läßt sich die Entwicklung der Verrechtlichung der Chance auf Rechts- und Ermessenkontrolle nachweisen. Ein Rückzugsgefecht stellt demgegenüber die Diskussion um den gerichtsfreien Hoheitsakt dar[28] In gewissem Sinne könnte man hierzu auch die den gerichtsfreien Hoheitsakten verwandten Gnadenakte[29] und begründungsfreien Verwaltungsakte[30] zählen. Bei letzteren ist zwar der Anspruch auf Rechtsschutz vor Gerichten gewährleistet, doch bedeutet die Verweigerung der Begründung ein Zusammenschrumpfen des Rechtsanspruchs auf eine reine Chance der Rechtskontrolle. Dies gilt natürlich um so mehr für die gerichtsfreien Hoheitsakte, da hier nur eine Chance auf Überprüfung durch die Verwaltungsbehörde oder die hierarchisch übergeordneten Aufsichtsbehörden besteht.

b) *Die Verrechtlichung der Chance im allgemeinen Verwaltungsrecht*

Der Weg der Verrechtlichung der Chance zum Anspruch ist aber nicht nur auf dem Gebiet des Verwaltungskontrollrechts und der Verwaltungsgerichtsbarkeit begangen worden. Auch das allgemeine und besondere Verwaltungsrecht zeigen diese Entwicklungstendenzen. Die Gegenüberstellung von Recht und Interesse, wie wir sie im 19. Jahrhundert in ihrer schroffen Konfrontierung kennen, und die wohl der strengen Sonderung von Staat und Gesellschaft[31] entsprach, wurde durch die zunächst im Zivilrecht entwickelte Interessenjurisprudenz[32] aufgelockert. An die Stelle der von der Rechtsordnung geschützten Willensmacht trat das rechtlich geschützte Interesse[33]. Damit wurde der Kreis der vom Recht

---

[28] OVG Münster, U. v. 4. 10. 1966, DVBl 1967, 51; BVerwG, U. v. 12. 10. 1962, DVBl 1963, 728 (Wahlkonsul, m. krit. Anm. v. Steinberger); BVerwG, U. v. 12. 10. 1962, DÖV 1963, 142 (BVerwGE 15, 63), — militärischer Bereitschaftsdienst, mit krit. Anm. v. Czermak.

[29] BayVerfGH, U. v. 6. 12. 1965, NJW 1966, 443; *Monz*, NJW 1966, 137.

[30] Zum Anspruch auf informativen Bescheid vgl. die zum Petitionsrecht ergangene Rechtsprechung: OVG Hamburg, U. v. 20. 8. 1965, DVBl 1967, 86; *Maunz/Dürig*, RdNr. 9 und 77 zu Art. 17 GG.

[31] Beispielhaft hierfür: *Tönnies*, Gemeinschaft und Gesellschaft, Berlin 1912, insbes. S. 282.

[32] *Larenz* bemerkt zutreffend, daß die Interessenjurisprudenz — für Heck genau wie für Jhering — den Gesetzgeber als Person hinter die gesellschaftlichen Kräfte-Interessen, die sich mittels seiner Gesetze zur Geltung gebracht haben, zurücksetzt. Das Schwergewicht verschiebe sich von der persönlichen Dezision auf die Motive und weiterhin auf die motivierenden Kausalfaktoren. Damit wird methodisch die Dichotomie Gesellschaft und Gemeinschaft aufgehoben (*Larenz*, Methodenlehre der Rechtswissenschaft, Berlin 1960, S. 49/50; kritisch S. 123 ff.; S. 364: zum Begriff des subjektiven Rechts „Achtung der Person". Zur besonderen Rolle der Gleichheitsidee bei der Gewinnung von Rechtsnormen im Wege des Analogieschlusses vgl. *Kriele*, Theorie der Rechtsgewinnung, Berlin 1967, S. 205 ff.

[33] Daß der verwaltungsgerichtl. Rechtsschutz keine subjektiv-öffentlichen

anerkannten Berechtigungen wesentlich erweitert und Positionen und Chancen, soweit sie vom Recht gebilligt und anerkannt wurden, in den Kreis der Rechte aufgenommen. Im öffentlichen Recht vollzog sich dieser Prozeß wesentlich langsamer, da das subjektiv-öffentliche Recht erst nach der Jahrhundertwende endgültig zur Anerkennung gelangte[34], während bis dahin der objektive Rechtscharakter des öffentlichen Rechts betont und der Bürger in eine reine Rechtsreflexsituation[35] verwiesen war. Es erscheint durchaus angebracht, den Rechtsreflex — den auch das heutige Verwaltungsrecht in gewissen Institutionen, wie z. B. im Gemeingebrauch, noch kennt — als die ursprüngliche Gestalt der Chance im öffentlichen Recht zu verstehen. Der Rechtsreflex unterscheidet sich schon von dem reinen wirtschaftlichen oder persönlichen Interesse und stellt somit eine höhere Stufe der Chance dar, weil der Bürger durch Gesetzgebungsakt in Relation zu einer objektiven Norm gebracht wird, während bei dem reinen Interesse diese Relation fehlt oder wenigstens fehlen kann. Die Anerkennung eines subjektiv-öffentlichen Rechtes auf Gleichheit war deshalb ein erster und entscheidender Schritt vom Gleichheitsrechtsreflex zum Anspruch auf Gleichheit vor der Verwaltung[36]. Die mannigfaltigen Freistellungen der Verwaltung im Rahmen von Rechtsfolgeermessensnormen und unbestimmten Gesetzesbegriffen haben aber die Bedeutung

---

oder subjektiv-privaten Rechte voraussetzt, ist nunmehr herrschende Meinung. Dies gilt sowohl für den Rechtsschutz inter partes nach § 42 VwGO, als auch für den Rechtsschutz inter omnes nach § 47 VwGO. Der Begriff „Nachteil" ist im Sinne des rechtl. geschützten Interesses auszulegen (*Ule*, Verw.Gerichtsbarkeit, Anm. III/1; *Eyermann/Fröhler*, RdNr. 29; *Redeker v. Oertzen*, RdNr. 13; *Klinger*, RdNr. C 2; *Schunck/de Clerck*, Anm. 2 g, je zu 47 VwGO. VGH Mannheim, B. v. 30. 7. 1960, Bad.-Wttbg. VBl 1960, 140, und 5. 5. 1961, Bad.-Wttbg. VBl 1961, 156; VGH Mannheim, B. v. 14. 2. 1967, NJW 1967, 1194). Nach *Ehmke*, Ermessen und unbestimmter Rechtsbegriff im Verwaltungsrecht, Tübingen 1960, S. 39, fällt bei Rechtsbindung die Sachentscheidungs- und Handlungsnorm zusammen, wodurch die Gegenüberstellung von Recht und Verwaltung aufgehoben wurde.

[34] Zur Entwicklung des subjektiven Rechtsbegriffes: *Coing*, Zur Geschichte des Begriffs „Subjektives Recht", Frankfurt 1959, S. 20, 23. Die herrschende Definition von *Nipperdey*, in Enneccerus/Nipperdey, Bd. I, Allg. Teil, Halbbd. 1, 1952, S. 272, umfaßt sowohl die interessenjuristische als auch die individualistische Komponente.

[35] *G. Jellinek* bezeichnet in seinem System der subjektiven öffentlichen Rechte die Rechtsreflextheorie in Auseinandersetzung mit *Laband*, Dt. Staatsrecht, I, S. 307, als Einfluß „kritiklos akzeptierter Reminiszenzen der alten Reichszeit, wonach die Staatsgewalt ein Akzessorium der territorialen Landeshoheit war". Vgl. auch: *G. Jellinek*, Allg. Staatslehre, S. 408; *O. Mayer*, Dt. Verwaltungsrecht, I, S. 114; *G. Jellinek*, System der subjektiven öffentlichen Rechte, 2. Aufl., Tübingen 1905, S. 138, 140, 145. Jellinek betont dort, daß das öffentliche Recht aus individuellem Recht und öffentlicher Funktion zusammengesetzt sei. Ferner: *Bachof*, Gedenkschrift für Jellinek, 1955, S. 287—307; *Bühler*, ebd., S. 269—286; *Forsthoff*, Verwaltungsrecht, 9. Aufl., § 10, 3, 4, 14, 2 b; *Wolff*, Verwaltungsrecht I, § 43 I. Zum Gleichheitssatz insbesondere *Krüger*, DVBl 1955, 178 ff., 208 ff.

[36] Der Gleichheitssatz in der Verwaltungsrechtsprechung, *Lademann*, SchlHAnz. 1966, 209, verkennt dies allerdings vollständig.

I. Materielle und funktionelle Struktur der Chancengleichheit

der Umwandlung des Rechtsreflexes in einen Rechtsanspruch auf Gleichheit vor der Verwaltung wesentlich relativiert[37]. Die Interpretation des Gleichheitssatzes als Willkürverbot kehrt in gewissem Sinne zurück zu einer Aufweichung des Rechtsanspruches in ein rechtsreflexähnliches Verhältnis.

aa) Die jüngere Entwicklung in Rechtsprechung und Rechtswissenschaft begründet die Verrechtlichung des Verhältnisses Verwaltung-Bürger in viel geringerem Maße mit der Umsetzung von Interessen und Chancen in Rechte, als mit der Präponderanz der Freiheit vor der staatlichen Intervention und dem Grundsatz der Verhältnismäßigkeit[38]. Das neugewonnene Grundrechtsverständnis läßt staatliche Eingriffe in die verrechtlichten Grundrechtsräume oder Wertzonen nur zu, wenn der Staatsbürger bei Erfüllung der gesetzlichen Voraussetzungen einen Rechtsanspruch auf die staatliche Gestattung oder Verstattung hat. Von diesem Denken her sind präventive Kontrollen des freien gesellschaftlichen Verkehrs und der Grundrechtsbetätigungen nur zulässig, wenn der Bürger einen Rechtsanspruch auf Gestattung in einem Verbotssystem mit Erlaubnisvorbehalt hat, wenn nicht überhaupt die Verwaltung sich auf das Erlaubnissystem mit Verbotsvorbehalt beschränken muß und allenfalls eine Anzeigepflicht auferlegt werden darf. Läuft auch die bisher eingeschlagene Entwicklung mit der angedeuteten Verrechtlichung der Chance parallel, so wird doch das Element der Gleichheit zu wenig beachtet, denn es geht nicht nur um Umsetzung von Chancen, Reflexen und Interessen in Rechte, sondern um eine annähernd gleiche Gewährleistung. Vom Gesichtspunkt der Gleichheit ist es weniger ausschlaggebend, ob die Chance bereits verrechtlicht ist, oder ob sie sich noch in der Vorform von Interessen und Reflexen befindet. Ihre Verrechtlichung ist nur wegen der Gewährleistung eines allumfassenden Rechtsschutzes und wegen der Abschirmung vor Gesetzgebung und Verwaltung erforderlich. Da die Verwaltung, gebunden durch den Grundsatz des Vorbehaltes des materiellen Gesetzes, immer einer Rechtsgrundlage für Eingriffe in Rechte bedarf, ist es von großer Bedeutung, ob hoheitliche Maßnahmen nur

---

[37] Deshalb bewegt sich auch die moderne Diskussion in zwei Richtungen: auf Einschränkung des Handlungsspielraumes der Verwaltung durch den Gesetzgeber und auf unbeschränkte Kontrolle des unbestimmten Gesetzesbegriffes. Vgl. hierzu neuerdings: *Korbmacher*, DÖV 1965, 696; *Jäger*, DÖV 1966, 779; *Fellner*, DVBl 1966, 161; *Czermak*, DVBl 1966, 366; *Kopp*, DÖV 1966, 317; *Liebermann*, DVBl 1966, 171; *Kellner*, NJW 1966, 857; sowie die kritische Anmerkung von Ule zu BVerwG, U. v. 28. 1. 1966, DVBl 1966, 571. Ob dagegen durch die prozessuale Theorie des Beurteilungsspielraums (*Schmidt-Salzer*, Der Beurteilungsspielraum der Verwaltung, Berlin 1968, insbes. S. 76) dies erreicht werden kann, erscheint fraglich.

[38] Zur Präponderanz der Freiheit; *Maunz/Dürig*, RdNr. 2 zu Art. 2 Abs. 1 GG; BVerfGE 20, 155, sowie *Rupp*, NJW 1966, 2037 und *Schmidt*, AöR 91, 41. Dieser Grundsatz wurde bereits in Entscheidungen des BVerfG vorbereitet, so z. B. BVerfGE 17, 306, 315; 17, 251, 232.

I. Materielle und funktionelle Struktur der Chancengleichheit

Interessen oder Chancen berühren, oder ob diese Rechte sich noch im Vorstadium von Interessen oder Chancen befinden[39]. Bei der Aufstellung eines Bauleitplanes, der Grünflächen ausweist, ist die kommunale Behörde von der Beachtung des Art. 14 GG freigestellt, wenn die nicht zu Bauland erklärten Grundstücke ihren bisherigen Nutzungsumfang beibehalten können. Denn dann wird ihnen nur eine Chance auf Entwicklung zum Bauland abgeschnitten, die keine rechtsstaatliche Relevanz hat[40]. Das Gleiche gilt für Maßnahmen des Natur- und Landschaftsschutzes[41]. Auch der sogenannte Planungsmehrwert[42] bei Erschließung von Bauland kann ohne Beachtung von Art. 14 GG dem Begünstigten entzogen werden, da er nicht zur Rechtsposition erstarkt ist, sondern sich noch im Vorstadium der Chance befindet. Für das Gleichheitsdenken ist aber die Frage der Rechtsschutzgewährleistung nur von sekundärer Bedeutung, da ja immer erst die Rechtsverletzung das Problem des Rechtsschutzes aufwirft. Es stellt sich vielmehr die Frage, ob der Gleichheitssatz ganz unabhängig von der Frage der Rechtsweggarantie des Art. 19 Abs. 4 GG und § 42 VwGO eine Berücksichtigung durch die Verwaltung verlangt[43]. Der Rückschluß von der prozessualen Verwirklichung und Durchsetzung auf das Vorhandensein materieller Berechtigungen erscheint unzulässig. Im Falle des Planungsmehrwertes[44] würde dies be-

---

[39] Das BVerwG stellte sein Urteil vom 27. 1. 1967, NJW 1967, 1099 auf die Frage der eigentumskräftigen Verfestigung einer Baulandchance ab, um der Interessenlage den Schutz von Art. 14 Abs. 1 GG angedeihen zu lassen. *Frieauf*, JUS 1962, 422; BVerfGE 20, 155. Vgl. auch Rücksichtnahme auf den Besitzstand im PBefG, *Fromm*, DVBl 1967, 181/182.

[40] Allerdings wird man mit dem BGH zukünftige Wertsteigerungen dann berücksichtigen müssen, wenn ihre Verwirklichung im Zeitpunkt der Enteignung so sicher unmittelbar bevorsteht, daß sie sich als wertbildende Faktoren bereits auswirken und der Grundstücksverkehr dem Rechnung trägt. BGH, U. v. 29. 11. 1965, DVBl 1966, 310; U. v. 28. 4. 1966, Betr. 1966, 1429. *Vonficht*, BayVBl 1966, 10; *Müller*, BayVBl 1966, 161; *Ipsen*, AöR 91, 86; *W. Weber*, AöR 91, 382.

[41] Die beiden in der Rechtsprechung anerkannten Abgrenzungstheorien — Sonderopfertheorie des BGH und Opferschweretheorie des BVerwG — haben sich von verschiedenen Richtungen her aneinander angenähert. Für die Ausgangspunkte vgl. BGHZ 6, 170 ff. und BVerwGE 5, 143; 7, 197; 11, 168. Durch die Betonung der Opfergrenze in der Sprengstoffentscheidung und den Niveauänderungsentscheidungen (BGH, LM 17, 22, 30, 32 zu Art. 14 GG) wurde der Begriff der Opfergrenze und seit BGHZ 23, 30 — Grünflächenverzeichnis — die Situationsgebundenheit und Pflichtigkeit des Eigentums betont. Es ist unschwer zu erkennen, daß nur die Rechtsprechung des BVerwG eine sinnvolle Abgrenzung von Chance und geschützter Rechtsposition ermöglicht (*Bender*, NJW 1965, 1297).

[42] BGH, LM 60, 70, 71 zu Art. 14 GG; BVerwGE 5, 143; *Ule*, VerwArch. 54, 345.

[43] Die Theorie von der Selbstbindung der Verwaltung stellt eine Konstruktion dar, mit deren Hilfe die Justiziabilität einer vom Gesetz nicht geforderten Gleichbehandlung erreicht werden soll (OVG Berlin, U. v. 8. 6. 1966, NJW 1966, 23, 28; *Scholler*, DVBl 1968, 409).

[44] *Ule*, VerwArch. 54, 345, 362. Vom Planungsmehrwert ist der spezielle Umlegungswertausgleich zu unterscheiden (*Stahnke*, Kohlhammer-Kommentar zum BBauG, Anm. 3 zu § 57).

I. Materielle und funktionelle Struktur der Chancengleichheit

deuten, daß die Behörde bei Preisstoppmaßnahmen im Rahmen von Bauerschließungsprojekten ungleich vorgehen könnte, weil die Belassung oder der Entzug des Mehrwertes nur in Chancen und damit nicht in Rechte eingreift. Um der Chance den Schutz des Gleichheitssatzes einräumen zu können, muß sie deshalb in irgendeiner Form von den Interessen und Rechtsreflexen abgehoben werden können. Die rechtliche Chance würde dann als eine rechtlich geschützte Position den Katalog der geschützten Rechte erweitern. Dieser wohl schwierige Weg ist aber gangbar, da auch andere Rechtsgebiete vor ähnlichen Problemen stehen. So sind die Erweiterung des Eigentumsbegriffes auf alle vermögenswerten Rechte[45], die Einbeziehung wirtschaftlicher Ausstrahlungen in den Schutz des eingerichteten und ausgeübten Gewerbebetriebes[46] und die Ersetzung des gezielten Eingriffes bei der Enteignung durch die unmittelbare Auswirkung[47] Symptome von Interessenlagen im Kreis der rechtlich anerkannten Interessen.

bb) Daneben wird eine rückläufige Entwicklung kritisch zu beobachten sein, wo vom institutionellen Denken her der Rechtscharakter gesetzlicher oder auch verfassungsgesetzlicher Garantien geleugnet wird. Fällt die Subjektivität der Gewährleistung weg, dann nehmen die Ausstrahlungen der Institutionen nur noch den Charakter von Reflexrechten oder Chancen an. Die Gleichheit solcher Chancen würde dann zwar noch einen Schutz darstellen, doch könnte nach der herrschenden Meinung diesen institutionellen Chancen kein Rechtssatz zur Seite stehen[48].

Allerdings ist die herkömmliche Gegenüberstellung von Institutionen einerseits und subjektivem Recht andererseits ebenso falsch wie überholt, ist es doch anerkannt, daß sich mit der institutionellen Garantie

---

[45] BVerfGE 4, 241; 16, 11; 15, 200; 18, 397. Das BVerwG betont, daß es sich um eigentumsverwandte Ansprüche handeln muß, während der BGH im weiteren Umfang vermögenswerte Rechte als Eigentum anerkennt. *Ipsen*, Das BVerfG und das Privateigentum, AöR 91, 86; W. *Weber*, Öffentlich-rechtliche Rechtsstellungen als Gegenstand der Eigentumsgarantie in der Rechtsprechung, AöR 91, 382; *Kuschmann*, NJW 1966, 574.
[46] Auch die Modifikation der Anerkennung des eingerichteten und ausgeübten Gewerbebetriebes (BGHZ 3, 270, Constanze-Urteil I) durch die Höllenfeuer-Entscheidung (BGH, U. v. 21. 6. 1966, NJW 1966, 1617) und die Zuerkennung der grundsätzlichen Rechtmäßigkeit von Eingriffen in den Gewerbebetrieb im Rahmen des geistigen Kampfes (BVerfGE 7, 198; 12, 113; BGHZ 36, 77) ändert am Grundsatz nichts.
[47] Den Grundsatz der eigentumsgezielten Finalität des Eingriffes hat der BGH zugunsten der unmittelbaren Auswirkung aufgegeben: BGHZ 37, 47; BGH, DVBl 1965, 83, DÖV 1964, 100; a. A. *Forsthoff*, DÖV 1965, 289; vgl. hierzu auch *Bender*, NJW 1965, 1297 und H. *Wagner*, NJW 1966, 567. *Forsthoff* wendet sich nur gegen die institutionelle Einordnung, Wagner greift das Kriterium der unmittelbaren Auswirkung an, indem er zwischen sachlicher und persönlicher Mittelbarkeit unterscheiden will.
[48] *Luhmann*, Grundrechte als Institution, Berlin 1965, S. 162 ff. (178); *Jäckel*, Grundrechtsgeltung und Grundrechtssicherung, Berlin 1967, S. 57 ff. (111, 115).

24   I. Materielle und funktionelle Struktur der Chancengleichheit

institutionsbegleitende Grundrechte mit subjektivem Rechtscharakter verbinden[49] und daß die aus der Institution abgeleiteten Chancen in der Rechtsprechung des BVerfG[50] schon die Rechtsnatur von derivativen subjektiv-öffentlichen Rechten erhalten haben. Die institutionelle Chance läßt sich ohne Aufsprengung der Institution zu derogativen Rechten (nicht wohl Grundrechten) verdichten. Der Unterschied zur Grundrechtsgarantie bliebe bestehen und hätte seine Hauptbedeutung auf dem Gebiete des Verfassungsprozeßrechts im Ausschluß der Verfassungsbeschwerde und in der Schrankenlehre. Denn die institutionelle Chance wird auch in der rechtlich verdichteten Form von Innen her von der Institution beschränkt.

cc) Schließlich muß hier auch die Lehre von der Verwirklichungschance und dem Nichtverwirklichungsrisiko erwähnt werden. Auch hier könnte die Annahme einer rückläufigen Entwicklung, nämlich einer solchen vom Grundrecht zur Chance anzunehmen sein. Die von Peter Schneider[51] entwickelte Lehre geht im Grunde auf die Wechselwirkungs- oder Schaukeltheorie des BVerfG zurück[52]. Letztere entnimmt die Effektivität und die Dimension des Grundrechts aus einer konkreten Güterabwägung mit den durch die allgemeinen Gesetze geschützten Rechtsgütern. Eine solche Wechselwirkung zwischen Grundrecht und Grundrechtsschranke nimmt in gewisser Hinsicht dem Grundrecht seine apodiktische Größe und verwandelt das Recht im Hinblick auf konkurrierende Rechtsgüter wiederum zur Chance.

---

[49] Zur institutionellen Garantie in Verbindung mit einem subjektiv-öffentlichen verfassungsmäßigen Recht bei der Selbstverwaltungsgarantie der Gemeinden vgl. BayVerfGHE 10, 113; a. A.: *Schmidt/Bleibtreu*, Die Verfassungsbeschwerde der Gemeinden nach Bundesrecht, DVBl 1967, 597.
[50] Das BVerfG bezeichnet die Pressefreiheit sowohl als institutionelle Garantie als auch als Grundrecht. BVerfGE 10, 118; 12, 113, 121; 19, 73, 75; 20, 162, 176. Das Grundrecht der im Pressewesen Tätigen ist aber offenbar nur ein Derivat der institutionellen Garantie. Insoweit ist der Beschluß des BVerfG vom 6. 11. 1968, DVBl 1969, 75 unklar, wenn dort für Redakteure und Herausgeber die Grundrechte der Meinungs- und Pressefreiheit bejaht werden.
[51] *P. Schneider*, Pressefreiheit und Staatssicherheit, Mainz 1968, S. 119 ff. Schneider basiert hier auf Giaccometti und berührt sich mit *Maihofer*, Recht und Existenz, in: Vom Recht, Hannover 1963, S. 161, 172 ff. Ausführungen zur Verwirklichungschance und zum Nichtverwirklichungsrisiko finden sich auch in: Die Menschenrechte in staatlicher Ordnung, ARSP 1967, Beiheft 40, S. 77 ff. und in: In dubio pro libertate, Festschrift DJT 1960, Karlsruhe 1960, S. 263, 290. In diesem Zusammenhang interessieren nicht die Kriterien der Güterabwägung, sondern nur die Kennzeichnung der Güterverwirklichung oder Nichtverwirklichung als Chance und Risiko.
[52] Zur Wechselwirkungstheorie vgl.: *P. Schneider*, Pressefreiheit, S. 123; *Bettermann*, JZ 1964, 601 ff.; *Lerche*, Übermaß und Verfassungsrecht, Köln 1961, S. 150; *Schnur*, VVdStRL, H. 22, S. 121/128; *Copič*, JZ 1963, 495, Anm. 13; *Hall*, JUS 1967, 359; *Merten*, MDR 1968, 621, 625. Bejahend: *Rüfner*, in: Der Staat, 1968, 41, 55 ff.; *Herzog*, BayVBl 1968, 77 und *Denninger*, ZRP 1969, 42/46, in bezug auf die Demonstrationsfreiheit und die ihr schrankenziehenden Gesetze.

I. Materielle und funktionelle Struktur der Chancengleichheit 25

dd) Nach der Abwägung zwischen Verwirklichungschance und dem Nichtverwirklichungsrisiko im Bereich des Grundrechts wie im Bereich der staatlichen Zuständigkeit[53] wird zwar nur auf das Gemeinwohlgut abgestellt. Der Satz, daß die Grundrechtsgewährung auch die Vermutung der Verwirklichungschance für die Gemeinwohlgüter umfaßt, verlegt Chance und Risiko aus dem Grundrechtsbereich in das Schrankenfeld. Das hinter den schrankenziehenden Gesetzen stehende Gemeinwohlgut wird nicht als festgeformtes Gegenrecht verstanden, sondern als Gegengut, dessen Realisierung Chancen für und Risiken gegen sich hat. Diese Lehre berührt sich mit der Wechselwirkungslehre des BVerfG, verlagert aber die Chancen- und Risikoabwägung (Wechselwirkung) in die Güterabwägungsstation, welche der Ziehung der staatlichen Schranken vorausgeht.

ee) Die neuere Entwicklung der Einbeziehung der Chance auf der einen Seite, und der Ausdehnung des funktionellen Teilinhalts auf der anderen Seite, zeigt sich auch in der Diskussion um die Wehrgleichheit[54]. Unter Anwendung herkömmlicher Begriffe würde keine Ungleichheit im Recht, keine Verletzung der égalité en droit vorliegen, wenn die Wehrverwaltung die generelle Wehrpflicht nur partiell realisiert. Selbst wenn man hier in die Wehrpflicht des Staatsbürgers auch noch das Recht hineinlesen würde, daß er diese Pflicht nur in gleicher Weise wie die anderen zu erfüllen habe, so stünden doch auf Seiten der Wehrverwaltung genügend sachliche Gründe zur Verfügung, um die differenzierende Inpflichtnahme zu rechtfertigen. Eine Verletzung des Willkürverbotes könnte also in aller Regel nicht behauptet werden[55]. Dennoch zeigt die Eindringlichkeit der Diskussion über die Wehrgleichheit, daß die im Bereich der égalité en droit verbleibende Vorstellung in gar keiner Weise den drängenden Bedürfnissen nach wirtschaftlicher Chancengleichheit gerecht wird[56]. Der ursprüngliche Versuch des Losentscheides[57] sollte wenigstens

---

[53] *P. Schneider*, Pressefreiheit, S. 123.
[54] *G. Hahnenfeld*, Drei Jahre Wehrpflicht, DVBl 1960, 45 ff.; *R. Reinhart*, Der Widerspruch gegen den Einberufungsbescheid und Bereitstellungsbescheid, BWV 1964, 72 ff., 75 und 136 ff.; *H. Rehbein*, Zehn Jahre allgemeine Wehrpflicht, BWV 1967, 105 ff.; *K. Zwingenberger*, Rechtsfragen der Einberufung zum Wehrdienst, BWV 1966, 145 ff.
[55] BVerwG, U. v. 15. 5. 1964, MDR 1964, 703; *Eberh. von Brunn*, Die praktische Auswirkung des Systems der Rechtsbehelfe in bezug auf die Einberufung von Wehrpflichtigen, BWV 1966, 196 ff. *G. Hundius*, Gedanken zu Folgemaßnahmen der Auswahlwehrpflicht, BWV 1963, 161 ff.; *K. Zwingenberger*, Wehrpflichtrecht, Stuttgart 1963; BVerwGE 7, 325 ff.
[56] *K. Brüning*, Sind neue Lösungen im Wehrersatzwesen überfällig? BWV 1963, 231 ff., 234; *P. Winterhoff*, Das Dritte Gesetz zur Änderung des Wehrpflichtgesetzes, BWV 1967, 105 ff.; *G. Hundius*, Gedanken zu Folgemaßnahmen der Auswahlwehrpflicht, BWV 1963, 161 ff.; *G. Flor*, Zur Auswahl der Wehrpflichtigen, Wehrkunde 1957, 703/704.
[57] Musterungsverordnung in der Fassung vom 6. 2. 1963, BGBl I, S. 113; Wehrpflichtgesetz in der Fassung vom 25. Mai 1962, BGBl I, S. 349; *Schreiber/*

die Objektivität und damit auch die exakte Formalität des Verfahrens unterstreichen. Losentscheidungen sind ja immer Ausdruck einer exakten formalen Gleichheitsvorstellung, was vor allem an Hand der griechischen Demokratiegeschichte[58] bewiesen werden kann. Die Aufgabe des Losentscheides erfolgte deshalb, weil damit keine Gewähr für optimale Inpflichtnahme bestand. Dies dürfte aber nicht der einzige Grund gewesen sein, der gegen den Losentscheid sprach. Bei der Herstellung der Wehrgleichheit geht es ja nicht nur um die égalité en droit, als einer formalisierten und exakten Rechtsanwendungsgleichheit, sondern vor allem um den zweiten Teilinhalt der Chancengleichheitsidee, nämlich um die égalité en fait. Auch die formalisierte Gleichheit durch Losentscheid bringt die ungleichen sozialen Lagen und Chancen in kein ausgewogenes Verhältnis. Deswegen drängt der materielle Teilinhalt, nämlich die Gleichheit der Chance, zur rechtlichen Anerkennung[59]. Deutlich zeigt sich dies in der Forderung nach wirtschaftlicher Besserstellung der Wehrpflichtigen, oder nach wirtschaftlicher Belastung der nicht-Inpflichtgenommenen durch eine Wehrausgleichssteuer[60].

Die neueren Entwicklungen lassen erkennen, daß die exakte Abgrenzung zwischen Chance und Recht aufgegeben wird. Dies bedeutet, daß dem materiellen Teilinhalt der Chancengleichheit — Einbeziehung von nicht verrechtlichen Interessenlagen — größere Aufmerksamkeit und Anerkennung geschenkt wird als dem funktionellen. Denn gerade dem funktionellen Element wird auch im Bereich anerkannter Rechte der Vorwurf des Egalitären gemacht.

5. Die funktionelle Seite der Chancengleichheit

Neben dem substantiellen Element im Begriff der Chancengleichheit ist aber noch ein funktionelles enthalten, das häufig sogar derart im Vordergrund steht, daß man unter Chancengleichheit nur die funktionelle Natur versteht. Der funktionelle Charakter tritt dann so stark in das Blickfeld, daß man ohne Rücksicht auf den jeweiligen substantiellen Gehalt von Chancengleichheit spricht, also unabhängig davon, ob sich

---

Wegener, Wehrpflichtgesetz 1962, Anm. 7 zu § 21 (Listenlos); *Hahnenfeld*, Die Novelle vom Wehrpflichtgesetz, NJW 1961, 56 ff., 58; Süddeutsche Zeitung vom 16. 8. 1968; *K. Zwingenberger*, Rechtsfragen der Einberufung zum Wehrdienst, BWV 1966, 145 ff.; *Scherer/Krekeler*, Wehrpflichtgesetz, mit Erläuterungen, 3. Aufl., Berlin und Frankfurt/M. 1966, insbes. § 21 Anm. 8 und 9, S. 52.
[58] *E. Wolf*, Griechisches Rechtsdenken, Frankfurt/Main 1968, IV, 1, S. 406 f.; *Ehrenberg*, Die Rechtsidee im frühen Griechentum 1921, S. 70 f.
[59] *K. Zwingenberger*, Rechtsfragen der Einberufung zum Wehrdienst, BWV 1966, 145 ff.; BVerwGE 7, 325 ff.; *G. Flor*, Zur Auswahl der Wehrpflichtigen, Wehrkunde 1957, 703/704.
[60] Süddeutsche Zeitung vom 28. 6. 1968; 3. 7. 1968; 5. 7. 1968; 6./7. 7. 1968; 8. 8. 1968.

I. Materielle und funktionelle Struktur der Chancengleichheit 27

die Gleichheitsforderung auf Chancen im rechtstechnischen Sinne oder auf rechtlich geschützte Interessen oder subjektive Rechte bezieht. In diesem Sinne wird Chancengleichheit beim Gegendarstellungsanspruch[61], bei Presseangriff und Pressegegenschlag[62], bei Streik und Aussperrung[63] gebraucht, also bei Rechtsinstitutionen, die geradezu von einem Komplex von Normen gebildet werden. Hier ist Chancengleichheit Ausdruck für eine erhöhte Anforderung an die Gleichheit aller Bedingungen, auch rechtlicher Art, im Sinne einer égalité des conditions. Chancengleichheit in diesem Sinne bedeutet egalitäre Gleichheit der Rechte, eine Forderung, deren Verallgemeinerung auf Ablehnung stößt. Dennoch zeigen sich im Verwaltungsrecht an verschiedenen Stellen Kontraktionen des weitmaschigen Gleichheitssatzes zu einer mehr oder weniger egalitären Gleichheit, wie auch die Verfassung und die Gesetzgebung an verschiedenen neuralgischen Punkten den Gleichheitssatz durch Konkretisierung verdichtet und egalisiert hat.

a) Der gemeinverträgliche Gemeingebrauch

Als besondere Ausprägung des funktionell egalitären Gleichheitsdenkens tritt uns vor allem das Institut des gemeinverträglichen Gemeingebrauchs[64] entgegen. Dieses Institut — substantiell dadurch gekennzeichnet, daß es sich hier um Chancen und nicht um Rechte handelt, die gleichmäßig gewährt werden — hat seine Heimat im öffentlichen Sachenrecht und hat dort gerade im modernen Straßen- und Wasserrecht[65]

---

[61] BGH, NJW 1963, 151; *A. Arndt*, Die öffentliche Meinung, München 1962, S. 17; *R. Groß*, Zur Rechtsgrundlage des Gegendarstellungsanspruchs, NJW 1963, 479.
[62] Der BGH hat in der Blinkfüer-Entscheidung, NJW 1964, 29, 1471, sowie im Höllenfeuer-Urteil, NJW 1966, 1617, die vom BVerfG entwickelte Theorie zur Pressefehde übernommen und die gegenteilige Auffassung im Constanze-Urteil I (BGHZ 3, 270) aufgegeben. Er läßt es offen, ob die Tatbestandsmäßigkeit oder die Rechtmäßigkeit hierdurch beseitigt wird, neigt wohl aber ersterer Auffassung im Anschluß an die BVerfGE 7, 198/208; 12, 113/225, zu.
[63] Vgl. auch Anm. 62 a.
[64] *Forsthoff*, VerwRecht, S. 360 (365); *Wolff*, VerwRecht, I, § 58. Das Institut des Gemeingebrauchs droht von innen her aufgebrochen zu werden, weil der moderne Kraftverkehr die Gemeinverträglichkeitsgrenze überschreitet. Vgl. dazu die Rechtsprechung des BVerwG, insbesondere das U. v. 12. 10. 1965, DVBl 1966, 405; U. v. 4. 3. 1966, BayVBl 1966, 267. Zur Frage der Werbefahrten vgl. die unterschiedliche Auffassung des BayObLG, B. v. 18. 1. 1966, NJW 1966, 846; NJW 1967, 1190 einerseits, und des OVG Hamburg, MDR 1967, 74 andererseits. Der Bad.-Wttbg. VGH, AS 15, 202 (Fuhrbetrieb) vertritt die ablehnende Rechtsprechung des BayObLG.
[65] Das BayObLG, U. v. 22. 1. 1965, Bay VBl 1965, 247, verneint Gemeingebrauch am Grundwasserstrom. Die Abkehr von privatrechtlichen Gestaltungsformen im öffentlichen Wasserrecht läßt auch den Grundsatz der Gemeinverträglichkeit der wasserrechtlichen Nutzungen stärker in den Vordergrund treten (*Sievers*, DVBl 1965, 1).

wachsende Bedeutung erlangt. Für das Straßen- und Wegerecht ist dabei kennzeichnend, daß die ungleichmäßige Entwicklung und Förderung des motorisierten Verkehrs und der erforderlichen Einstellplätze dazu führen müßte, die Generalklauseln der Straßen — und Verkehrsgesetze mit den Auslegungshilfen — Gemeinverträglichkeit und Verkehrsüblichkeit — zu interpretieren[66]. Damit sind Elemente der Chancengleichheit im Sinne einer egalitären oder formalen Gleichheit von Rechten und Bedingungen in das Gesetz aufgenommen worden. Eine derartig akzentuierte Interpretation der Generalklausel kann aber nur dann berechtigt sein, wenn höherrangige Rechtsgrundsätze dies gebieten. Von der Natur der Sache und der Verwaltungspraxis her wird daher die Frage aufgeworfen, ob das Institut der Gemeinverträglichkeit sich nicht unmittelbar aus der Verfassung, nämlich aus der Konkretisierung des allgemeinen Gleichheitssatzes im Lichte des Sozialstaatsprinzipes ergibt. Aus dem Willkürverbotsdenken allein ließe sich eine Konkretisierung des Gleichheitssatzes zu einer formalen Chancengleichheit nicht herleiten.

Für das Wasserrecht gelten ähnliche Überlegungen, ausgelöst durch die Knappheit des Schutzobjektes und durch die konkurrierenden Interessen an der Ausnutzung. Hier mußte die Regelung das privatrechtliche Eigentumsschema verlassen, das noch zur Jahrhundertwende für die Ordnung des Lebenssachverhaltes völlig ausreichend war. Gerade das mit der Eigentumsordnung verbundene Belieben der freien Nutzung stand dem wachsenden Bedürfnis nach Gemeinverträglichkeit entgegen. Neben der Sozialbindung des Eigentums entwickelte sich eine Sozialbindung des Gleichheitssatzes in Richtung auf gemeinverträgliche Nutzung des Wassers. Das Institut der Gemeinverträglichkeit greift dabei über den Rahmen des Gemeingebrauchs hinaus und wird zu einem übergeordneten Gesichtspunkt, der alle, auch nicht gemeingebräuchliche Nutzungsmodalitäten erfaßt. Die Überlagerung des Eigentums durch die Sozialbindung und die Einengung des Gleichheitssatzes durch das Sozialstaatsprinzip sind somit Grundlage für neue Ordnungsvorstellungen und Prinzipien im modernen Wasserrecht[67].

b) Die Anstaltsnutzung

Das funktionale Element, das der Idee der Chancengleichheit ohne Rücksicht auf ihren substantiellen Gehalt innewohnt, läßt sich auch im

---

[66] RGZ 123, 181; BVerwGE 4, 342, 344; BVerwGE, U. v. 4. 3. 1966, DVBl 1966, 406; diese Generalklauseln dürfen nicht einfach von den Schwankungen und Schwingungen der zirkulierenden Anschauungen angefüllt werden, sondern bedürfen der verfassungsrechtlichen Kontrolle und Ausrichtung, wie das *Fobbe* mit Zustimmung von Evers dargetan hat.

[67] *Gieseke/Wiedemann*, WHG 1963, Einl. VI; *Sieder/Zeitler*, WHG 1965, Vorb. RdNr. 6; ders., § 6 RdNr. 6; *Dellian*, BayVBl 1966, 338.

Anstaltsrecht nachweisen. Durch die Schaffung öffentlicher Einrichtungen unterstellt die öffentliche Hand die Nutzung des Eigentums der öffentlich-rechtlichen Bindung, von ihrem Hausrecht keinen Gebrauch zu machen, das eine Beschränkung nach Belieben ermöglichen würde[68]. Der Widmungsakt bewirkt also, unabhängig davon, ob das Abwicklungsverhältnis durch eine private Nutzungsordnung oder Satzung geregelt ist, daß ein gleichmäßiger Zugang aller zur Nutzung der Einrichtung begründet wird, und daß der öffentliche Rechtsträger verpflichtet ist, nicht nur das Nutzungsrecht formal gleich, sondern auch die Abwicklungsstufe chancengleich zu behandeln. Die Unterstellung unter das öffentliche Recht verdrängt demnach nicht nur das Belieben des Hausrechts[69] durch ein Willkürverbot des Verfassungsrechts, sondern konkretisiert den allgemeinen Gleichheitssatz zur formalen Gleichheit. Hier wird einem Hoheitsakt — dabei kann offen bleiben, ob er adressatloser Verwaltungsakt oder Akt mit Doppelnatur ist — die Funktion der Konkretisierung des Gleichheitssatzes zur Chancengleichheit beigelegt. Diese Wirkung muß sich aus dem Zusammenspiel des Anstaltsrechts und dem allgemeinen Gleichheitssatz ergeben. Da es sich um Selbstbeschränkungen der Verwaltung handelt, treten Probleme unter dem Gesichtspunkt des Vorbehaltes nicht auf[70].

c) Negative und positive Chancengleichheit

Ein funktionales Element zeigt der Gleichheitssatz auch auf dem Bildungs- und Schulsektor. Hier kann es sich sowohl um die Chancengleichheit von privaten Schulträgern gegenüber der öffentlichen Gewalt, als auch um Chancengleichheit zwischen Meinungsbildnern — Filmprodu-

---

[68] *Forsthoff* spricht von der Geltung des Paritätsgrundsatzes, der alle Benutzungsarten ausschließt, welche die gleiche Chance der Mitbenützer beeinträchtigten und aufheben (*Forsthoff*, a.a.O., S. 378). Demgegenüber spricht *Wolff*, VerwRecht, II, § 99, IV, c, nur von den Grenzen der Anstaltsgewalt durch das Gleichheitsgebot, das sachliche Differenzierung gestattet. Die ist jedoch etwas ganz anderes, was *Wolff* a.a.O., § 99 V d auch andeutet, wenn er dort von der gleichmäßigen Gewährung von Anstaltsleistungen spricht.

[69] Zwar richtet sich die Verfügungsgewalt am Verwaltungsvermögen nach privatem Recht, doch sind daraus hergeleitete Maßnahmen — Hausverbote — durch die Zweckbestimmung und insbesondere den Gleichheitsgrundsatz beschränkt. OVG Münster, U. v. 12. 2. 1963, DVBl 1963, 450; *Koenig*, BayVBl 1964, 14; *Haak*, DVBl 1968, 134; bedenklich dagegen: BGH, DVBl 1968, 145 (abweichend von BGHZ 14, 222); vgl. auch OVG Münster, DVBl 1968, 157.

[70] BayVGH, U. v. 21. 6. 1954, BayVBl 1955, 59/60; *Helmreich/Widtmann*, Anm. 2 zu Art. 21; *Hölzl*, Anm. 3 b aa); *Masson*, Anm. 4, je zu Art. 21 BayGO; OVG Berlin, U. v. 8. 6. 1966, NJW 1966, 2328. Der Grundsatz der Chancengleichheit gegenüber der gemeindlichen Anstaltsnutzung ist in einer Reihe von Entscheidungen anerkannt worden: VGH München, U. v. 28. 2. 1966, BayVBl 1966, 207; VGH Bad.-Württ., U. v. 10. 11. 1967, DÖV 1968, 179; OVG Münster, U. v. 26. 6. 1968, DVBl 1968, 842 mit zust. Anm. von Jülich. Die beiden letzten Entscheidungen sehen in § 5 des ParteienG nur eine Mindestgewährleistung.

zenten — untereinander handeln. Im letzteren Falle — bei der steuerrechtlichen Privilegierung von Filmen durch die Filmbewertungsstelle — könnte sowohl das Zensurverbot Art. 5 Abs. 1 S. 3 GG, wie der Satz der Chancengleichheit für alle Meinungsgeber tangiert sein. Die freie Beteiligung aller Gruppen am Meinungsbildungsprozeß hatte das BVerfG[71] veranlaßt, eine formal-egalitäre Mitwikung aller gesellschaftlich relevanten Gruppen im Rahmen der Gestaltung und Ausprägung der Rundfunkprogramme aller öffentlichen Rundfunkanstalten zu fordern. Während sich hier die Chancengleichheit in ihrer Abwehrfunktion mit dem Freiheitsrecht aus Art. 5 Abs. 1 und 3 GG verbindet[72], steht bei der Frage der Subventionierung freier Schulen die Konkurrenz des Freiheitsrechtes mit einem dem status positivus zuzurechnenden Recht auf Chancengleichheit im Vordergrund. Von der herrschenden Lehre wird allerdings die Notwendigkeit der Verbindung des Freiheitsstatus mit Rechten aus dem status positivus verneint, und dem Gleichheitssatz eine rein abwehrende Funktion zugeschrieben. Für die hier interessierende Frage nach der Funktionalität der Chancengleichheit ist es nicht so sehr von Bedeutung, ob die Gleichheit der Chance sich positiv oder nur negativ formulieren läßt. Denn, ob man dem staatlichen Schulträger aus dem Gesichtspunkt der Chancengleichheit Privilegierungen untersagt, oder Forderungen auf Gleichbehandlung erhebt, ändert nichts an dem jeweiligen formalen Charakter des Gleichheitspostulates[73]. Der Gesetzgeber nimmt der Verwaltung die Frage zwischen negativer und positiver Chancengleichheit ab, indem er sich für die Subventionierung in den meisten Ländern ausgesprochen hat[74]. Die Konkretisierung des Gleichheitssatzes durch den Gesetzgeber stellt die Verwaltung von den Überlegungen der Chancengleichheit nicht grundstäzlich frei, da ja eine Reihe von chancenungleichen Maßnahmen denkbar ist, die sich nicht durch Subventionen ausgleichen lassen, weil sie nicht frei in ein finanzielles Äquivalent umwandelbar sind. Für den funktional-egalitären Charakter dieser Ansprüche ist es unmaßgeblich, ob die Konkretisierung auf dem gesetzlichen oder administrativen Wege erfolgt.

6. Chancengleichheit als prozessuale Waffengleichheit

In der Gestalt der Waffengleichheit tritt uns die Chancengleichheit ausschließlich in ihrem funktionalen Teilinhalt entgegen. Denn die Waf-

---

[71] BVerfGE 12, 205.
[72] BVerwG, U. v. 4. 3. 1966, BayVBl 1966, 275.
[73] BVerwG, U. v. 11. 3. 1966, NJW 1966, 1276 mit Anm. v. H. Weber, S. 1798; *Hamann*, Das Grundgesetz, 1961, S. 123; *Heckel*, Deutsches Privatschulrecht, 1955, S. 253; ders., DÖV 1964, 596; *Geiger*, RWS 1961, 80, 113; *Vogel*, DÖV 1967, 17.
[74] *Vogel*, a.a.O., Anm. 2; *Menger/Erichsen*, VerwArch. 57, 377.

I. Materielle und funktionelle Struktur der Chancengleichheit

fen, deren Anwendung chancengleich zugesichert wird, sind nicht Bedingungen, Interessen oder Reflexe, sondern ausgeprägte, abgegrenzte Rechte. Gerade das Prozeßrecht ist der Sitz dieser funktional verstandenen Chancengleichheit, wie am Beispiel der Rechtsmitteleinlegung dargetan werden soll. Der Prozeßgang als Umformung des Waffenganges hat die Idee von Waffen- und Chancengleichheit am klarsten beibehalten. Zudem steht die prozessuale Chancengleichheit unter dem Gesetz der kleinen Zahl, da vor dem neutralen Richter nur zwei Gruppen handelnd auftreten. Dennoch finden wir auch im geltenden Prozeßrecht unvollkommene Einrichtungen, die den Gedanken der Prozeßgleichheit oder prozessualen Chancengleichheit nicht voll verwirklichen.

Bei der Rechtsmitteleinlegung durch eine arme Partei könnte eine Ungleichheit gegenüber einer reichen Partei darin liegen, daß sie nicht die Mittel für die Prozeßführung hat. Diesem Umstand trägt das Prozeßrecht durch die Gewährung des Armenrechts bei vorliegender Armut und hinreichender Erfolgsaussicht Rechnung. Dadurch wird, abgesehen vom Erfordernis der Erfolgsaussicht, die Chance der armen oder nichtarmen Partei egalisiert. Dennoch ergeben sich Zweifelsfragen auch bei Anwendung des § 114 ZPO im Hinblick auf Gleichheit und Rechtssicherheit.

Geht man mit der reichsgerichtlichen Rechtsprechung davon aus, daß die arme Partei das Armenrechtsgesuch zwischen 10 und 6 Tagen vor Ablauf der Rechtsmittelfrist einreichen muß — da mit einer Verbescheidung innerhalb eines Zeitraumes von 4 Tagen gerechnet wurde —, würde ihr gegenüber der reichen Partei nur noch ein Überlegungszeitraum von 6 bis 2 Tagen für das Rechtsmittel bleiben[75]. Der BGH hat hierin eine Verletzung der Waffen- und Chancengleichheit der armen Partei gesehen, und es aus dem Gesichtspunkt des Gleichheitssatzes für erforderlich gehalten, der armen Partei die volle Ausschöpfung der Rechtsmittelfrist einzuräumen[76].

Die Gewährung der Chancengleichheit an die arme Partei stellt andererseits die Gerichte vor die Frage, ob Wiedereinsetzung gewährt werden kann, wenn über das Armenrechtsgesuch erst nach Ablauf der Rechtsmittelfrist entschieden ist. Dies führt bei negativen Entscheidungen — sei es, daß die Armut oder die Erfolgsaussicht verneint werden — und bei Entscheidungen nach Ablauf der Jahresfrist zu dogmatischen und rechtspolitischen Schwierigkeiten. Es darf in diesem Zusammenhang auf die Regelung der ausländischen Rechte, insbesondere auf das österreichische, hingewiesen werden, das eine Unterbrechung der Rechtsmittel-

---

[75] RGZ 17, 389; 38, 378; JW 1901, 837, Nr. 9; *Lüderitz*, Armenrechtsverfahren und Rechtsmittelfrist, AcP 1965, 133, Anm. 23, 26.
[76] BGHZ 16, 1 = NJW 1955, 345.

I. Materielle und funktionelle Struktur der Chancengleichheit

frist vorsieht, wenn innerhalb der Frist das Armenrecht beantragt wird. Zu dem gleichen Ergebnis kommt bereits de lege lata bei entsprechender Anwendung von § 239 ff. ZPO auch *Lüderitz*[77]. — Eine ähnliche, bisher wenig beachtete Gleichheitsbeeinträchtigung ergibt sich im Zusammenhang mit dem Erfordernis der hinreichenden Erfolgsaussicht. Der BGH[78] verlangt von der armen Partei für die Zulässigkeit des Wiedereinsetzungsgesuches innerhalb der Rechtsmittelfrist alle erforderlichen und ihr zumutbaren Angaben (insbesondere hinsichtlich der Rechtsmittelsumme). In Fortentwicklung dieses Gedankens verlangt die Rechtsprechung[79] für die Abweichungsrechtsbeschwerde Angaben im Armenrechtsgesuch oder innerhalb der Frist darüber, von welcher Entscheidung die angegriffene Entscheidung abweicht, das Aufzeigen der abweichend beantworteten Rechtsfrage und Darlegung, wieso die angefochtene Entscheidung auf einer Abweichung beruht. Dieser Rechtsprechung ist auch das BVerwG[80] gefolgt, wenn es für das Armenrechtsgesuch verlangt, daß innerhalb der Rechtsmittelfrist der Nichtzulassungsbeschwerde nicht nur die Armut der Partei, sondern gemäß § 132 Abs. 3 S. 3 VwGO weiterhin dargetan werden muß, daß die Rechtssache grundsätzliche Bedeutung habe, oder die Entscheidung bezeichnet werden muß, von welcher die angegriffene Entscheidung abweicht, oder der Verfahrensmangel bezeichnet werden muß, auf welchem die Entscheidung beruht. Mutet man diese Angaben der Partei zu, dann verweigert man ihr unter Verletzung der Chancengleichheit jeden Rechtsschutz. Denn diese Frage kann sie nur mit Hilfe eines Rechtskundigen klären und darlegen lassen, wofür sie mangels finanzieller Subsidien gerade nicht in der Lage ist. Deshalb ist zu überlegen, ob die Prüfung der Erfolgsaussicht aus dem Gesichtspunkt der Chancengleichheit nicht eingeschränkt werden muß, wie das früher unter der Herrschaft der Landesprozeßordnungen im 18. und 19. Jahrhundert und in §§ 103, 107 des ZPO-Entwurfes der Fall war. Die Mutwilligkeitsklausel und der Ausschluß offensichtlich unzulässiger und unbegründeter Rechtsverfolgung würde ausreichen, einem Rechtsmittelmißbrauch zu steuern[81].

---

[77] *Lüderitz*, a.a.O., S. 131. Hinzuweisen ist noch auf das Gemeine Recht, das den Satz entwickelte: Pauper contra elapsum fatale in integrum restituitur si modo paupertas neglectui dederit.
[78] BGH, B. vom 23. 6. 1956, NJW 1956, 1435.
[79] BGHZ 26, 38.
[80] BVerwG, B. v. 17. 9. 1964, DVBl 1964, 1003.
[81] *Lüderitz*, a.a.O., S. 132; *Koch*, Der preußische Zivilprozeß, 1855, S. 212.

II. Die Interpretation des Gleichheitssatzes als methodisches und rechtstheoretisches Problem

1. Die stereotype Konkretisierung des Gleichheitssatzes als Willkürverbot

Das methodische Problem der Konkretisierung eines allgemeinen — substanzleeren — Rechtsprinzips zeigt sich kaum anderswo so deutlich als in der Ausfüllung des Verfassungssatzes von der Gleichheit vor dem Gesetz durch die Staatsgewalten. Nach der Klärung des unter der Herrschaft der Weimarer Verfassung nicht mehr entschiedenen Streitpunktes, ob der Gleichheitssatz auch den Gesetzgeber binde — Art. 1 Abs. 3 GG —, stellt sich nunmehr der Gesetzgebung, Verwaltung und Rechtsprechung das Problem der Verifizierung eines justitiablen Normgehaltes.

Das Bundesverfassungsgericht hat in Anlehnung an den Bayerischen Verfassungsgerichtshof[1] stereotype Formeln entwickelt, die Art. 3 Abs. 1 GG Struktur und Gehalt geben sollen. Das Gericht deutet diese Bestimmung wie folgt: „Der Gleichheitssatz wird verletzt, wenn sich ein vernünftiger, aus der Natur der Sache sich ergebender oder sonstwie einleuchtender Grund für die gesetzliche Differenzierung nicht finden läßt, d. h. wenn die Regelung als willkürlich bezeichnet werden muß. Der Gesetzgeber muß bei der Regelung eines bestimmten Gebietes nicht alle tatsächlichen Verschiedenheiten berücksichtigen; entscheidend ist, ob für eine am Gerechtigkeitsgedanken orientierte Betrachtungsweise die tatsächlichen Ungleichheiten in dem in Betracht kommenden Zusammenhang so bedeutsam sind, daß der Gesetzgeber sie bei seiner Regelung beachten muß[2]."

2. Kritische Stimmen zur Leerformelinterpretation

Diese Formulierungen legen den Verdacht nahe, daß es sich um Leerformeln[3] handelt, also um Aussagen, die inhaltsleer und unstrukturiert sind, so daß es sich um keine logisch-juristische Subsumtion, sondern um eine Dezision handelt. Mit dieser Kritik hat auch Fuß die Judikatur des

---

[1] BayVerfGH, U. v. 15. 10. 1948, n. F. 1, 64, 79; Ring-Jahrbuch, JöR 10, 271 ff.
[2] BVerfGE 12, 341 (348); JZ 1959, 329/330 f. Anm. 15, 17; *Fuß*, JZ 1962, 565, Anm. 3.
[3] *Topitsch*, Sozialphilosophie zwischen Ideologie und Wissenschaft, Neuwied 1961, S. 33; ders., Menschenrechte, JZ 1963, S. 1.

Bundesverfassungsgerichts eingehend gewürdigt. Unter Hinweis auf den Zirkelschluß und mangelnde Konkretisiertheit haben Böckenförde[4] und Ipsen[5] diese Rechtsprechung bekämpft, während Adolf Arndt[6] gefordert hat, den Begriff der Sachgerechtheit durch Menschengerechtheit zu ersetzen. Flume[7] hat den Begriff „an der Gerechtigkeit orientierte Betrachtungsweise" schließlich als Bestandteil der Rhetorik und nicht der Rechtswissenschaft bezeichnet. Aus all diesen Erwägungen zieht Fuß — allerdings eingeschränkt auf die Wirkung des Gleichheitssatzes gegenüber dem Gesetzgeber — die lapidare Folgerung: „Die Gleichheitskontrolle von Gesetzen ist und bleibt also eine gefährliche Wanderung auf schmalem Grat[8]".

3. Rechtstheoretische Gründe für die Schwierigkeit der Konkretisierung des Gleichheitssatzes

Während ein Teil der Kritik die Willkürinterpretation als zu weitgehend ansieht, ein anderer Teil sie als logisch mißlungen betrachtet, glaubt ein dritter Teil des Schrifttums — nunmehr bereits gefolgt von einigen Entscheidungen — neue Konkretisierungsformen gefunden zu haben. Eine solche Konkretisierung durch Typisierung könnte im Begriff der Steuer-, Lasten- und Chancengleichheit zu finden sein[9]. Erweist sich die Interpretaion als Willkürverbot als unzureichend, was zunächst zu unterstellen ist, dann bedarf es noch einer Erhellung der Gründe, die außerhalb des rein Methodologischen liegen. Hierfür gibt es zwei: einen rechtsphilosophischen und einen politologischen.

a) Der Wertrelativismus

Da es sich bei der Frage, was gleich und was ungleich ist, durchweg um Fragen der Bewertung von Sachverhalts- oder Tatbestandsmerkmalen handelt, muß eine Interpretation der Gleichheit scheitern, wenn es an einem eindeutigen Maßstab für Meßbarkeit der Bewertungen fehlt[10].

b) Präponderanz der Gesetzgebung

Das Bekenntnis zur Demokratie involviert nach dem Vorstellungsbild des 19. Jahrhunderts das Bekenntnis zum Gesetzgebungsstaat unter Bre-

---
[4] *Böckenförde*, Gleichheitssatz, S. 62; *Scheuner*, DVBl 1952, 613 ff.
[5] Grundrechte, Bd. II, S. 111, 153 ff.
[6] NJW 1961, 2153 f.
[7] NJW 1962, 435.
[8] JZ 1962, 566.
[9] *Fuß*, JZ 1962, 566, Anm. 12; *Leibholz*, a.a.O., S. 7, 254; BVerfGE 6, 70 und Art. 134 WV.
[10] *Leibholz*, AöR 12, S. 3; *Böckenförde*, Gleichheit, S. 47 ff., 88.

chung und Unterwerfung jeder anderen Instanz unter den Gesetzgeber als inkorporierten Volkswillen. Der Gesetzesstaat erscheint somit im Gegensatz zum Verwaltungs- oder Justizstaat als Postulat der Demokratie. Die Befugnis eines Gerichts zur Nichtigerklärung des Gesetzes auf Grund des Gleichheitssatzes erscheint dementsprechend als demokratiefeindliches, oligarchisches Element. Dies besonders dann, wenn man eine verbindliche Wertordnung leugnend, im Richterspruch nur eine an die Stelle des repräsentierten Volkswillens tretende Entscheidung eines Spruchkörpers sieht, der günstigenfalls als Expertokratie, schlimmstenfalls als Exponent der herrschenden Klasse empfunden wird[11].

c) Demokratischer Relativismus

Der rechtsphilosophische sowie politologische Grund für die Zurückhaltung gegenüber der Konkretisierung des Gleichheitssatzes und das Ausweichen in das Willkürverbotsdenken fließen im übrigen zusammen und sind interdependent. Hans Kelsen[12] hat zutreffend darauf hingewiesen, daß die Idee der Demokratie verschwistert und verbunden ist zu rechtsphilosophischem Relativismus.

---

[11] *Forsthoff*, Die Umbildung des Verfassungsgesetzes, Festschrift für Carl Schmitt, Berlin 1959, S. 36 und passim; ders., Zur Problematik der Verfassungsauslegung, Stuttgart 1961, S. 23, 24, 28. Eine gewisse Einschränkung dieser Situation geschieht durch die Einschränkung der ex tunc-Wirkung der Nichtigerklärung, *Christoph Böckenförde*, Die sog. Nichtigkeit verfassungswidriger Gesetze, Berlin 1966, S. 132 ff. Zum Entwurf eines 4. Änderungsgesetzes des BVerfGG, *Puppe*, DVBl 1969, 136.
[12] *H. Kelsen*, Vom Wesen und Wert der Demokratie, Tübingen 1920, insbesondere S. 13; ders., Reine Rechtslehre, Wien 1960, S. 175 f.

III. Die Unzulänglichkeit der Willkürinterpretation

1. Die Konkretisierung zu besonderen Gleichheitsgeboten (Gleichheitssätzen)

a) Besondere Gleichheitsgebote auf der Ebene der Verfassung oder des Gesetzes

Die Verfassung selbst zeigt, daß sie die Interpretation des Gleichheitssatzes als Willkürverbot schlechthin auf bestimmten Gebieten — was nicht mechanische Gleichmacherei bedeuten soll — ablehnt. Dies gilt für das Gleichberechtigungsgebot von Mann und Frau in Art. 3 Abs. 2 GG, für das Diskriminierungsverbot in Art. 3 Abs. 3 GG, sowie für Art. 6 Abs. 5, 9 Abs. 3, S. 1, 28, Abs. 1, 33 1 u. 3 und 38 Abs. 1 GG im Verhältnis zum Gesetzgeber[1] und den anderen Staatsgewalten. Im Verhältnis zu letzteren gilt das auf Grund besonderer gesetzlicher Normierungen, wie wir sie im Recht der rechtsgleichen Wiederverwendung oder in § 13 BVFG im Begriff der Eingliederung oder in anderen Vorschriften vorfinden, wie z. B. der wertgleichen Abfindung.

aa) Der Auftrag an den Gesetzgeber durch Art. 131 GG bedeutet nicht, daß der einzelne Beamte einen Rechtsanspruch auf Wiederverwendung

---

[1] BVerfG, DÖV 1964, 63, 91, 304; NJW 1963, 1723; BVerwG, NJW 1963, 969. Vergleiche für das Problem der Gleichstellung der unehelichen Kinder die Entscheidung BVerfG 8, 216 f., RefE über die rechtliche Stellung des unehelichen Kindes, Bielefeld 1966. Vgl. ferner die Zusammenstellung früherer Entwürfe, *Dölle*, FamRZ 1965, 358; *H. Krüger*, Die Rechtsstellung des unehelichen Kindes nach dem Grundgesetz, 1960, 178; *Schlosser*, FamRZ 1963, 601; *Göppinger*, FamRZ 1966, 418 ff.; zum RE vgl. *Knöpfel*, FamRZ 1967, 581 ff.; BTDrucks. V/2370; weitere Literaturhinweise zur Reform des Unehelichenrechts bei *Bosch*, FamRZ 1967, 517 ff., 522 ff.; FamRZ 1968, 21. Im Anschluß an Dölle und Bosch wird der Unterschied zwischen der Gleichheit von Bedingungen in Art. 6 Abs. 5 und der Gleichberechtigung zwar hervorgehoben, aber verkannt. Dies gilt z. B. für die Meinung, daß Art. 6 Abs. 5 ein Weniger sei gegenüber Art. 3 Abs. 2. *Knur*, FamRZ 1967, 245/246. Hier wird gründlich die égalité en fait mit der égalité en droit verwechselt. Richtig ist, daß die Herstellung der égalité en fait durchaus ein Mehr an Rechten verlangen kann. Vgl. hierzu die Stellungnahme des Deutschen Caritasverbandes zum RE, FamRZ 1968, 304.

Zum ausländischen Recht vgl. *G. Boehmer*, Verh. d. 44. DJT, Bd. I, 1962, Gutachten S. 76 ff.; *Bosch*, Verh. d. 44. DJT, Bd. I, Gutachten S. 50; *Diekmann*, FamRZ 1966, 75; *Lutter*, FamRZ 1967, 69; *Knöpfel*, FamRZ 1966, 273. Absolute Normgleichheit läßt sich, wie richtig erkannt wurde, entweder nicht oder ohne praktische Verbesserung des unehelichen Kindes erreichen. In der Suche nach gleichwertigen Lösungen muß entgegen *Gernhuber*, a.a.O., 42 und *Zweigert*, JUS 1967, 241, 249 keine konservative Tendenz innewohnen.

III. Die Unzulänglichkeit der Willkürinterpretation

oder gar auf gleiche Wiederverwendung hat[2]. Ohne dem Beamten einen Rechtsanspruch zu gewähren, verlangt § 19 G 131 die rechts- oder amtsgleiche Wiederverwendung und statuiert damit eine Fürsorgepflicht[3] und eine Amtspflicht[4]. Bei der Frage der Rechtsgleichheit oder Amtsgleichheit oder Gleichwertigkeit sind Laufbahn und Besoldungsgruppen nach dem Stand vom 8. 5. 1945 heranzuziehen[5].

bb) Ein ähnlicher Gedanke liegt § 13 BVFG zu Grunde, der die Beendigung von Vergünstigungen vorsieht, sobald der Flüchtling in das wirtschaftliche und soziale Leben in einem nach seinen früheren wirtschaftlichen und sozialen Verhältnissen zumutbaren Maße eingegliedert ist. Der Begriff der Eingliederung enthält ein Wiedergutmachungselement und geht über die Gewährung der Chancengleichheit im Verhältnis zu anderen Flüchtlingen oder Einheimischen hinaus und könnte am besten als Positionsgleichheit umschrieben werden. Nach der Rechtsprechung ist eingegliedert, wer in seiner neuen Umgebung eine wirtschaftliche und soziale Stellung erreicht hat, die sich nicht wesentlich von dem wirtschaftlichen und sozialen Stande derjenigen Gesellschaft unterscheidet, welcher er nach Herkunft und Vergangenheit zuzurechnen ist. Auch hier ist ein Vergleich zwischen dem sozialen Status vor und nach der Vertreibung anzustellen. Das Gebot der Chancengleichheit wird durch Positionsgleichheit materiellrechtlich aufgefüllt[6].

cc) Eine weitere Verdichtung des Gleichheitssatzes finden wir im Flurbereinigungsrecht. Der Begriff der wertgleichen Abfindung bedeutet, daß alle Wertelemente, die nicht nur mittelbar das Grundstück betreffen, abzuwägen sind[7]. Unterstellt man die richtige Ermittlung des Bodenwertes auf Grund des Bodenschätzungsgesetzes vom 16. 10. 1934 und läßt man die Faktoren Lagesonderwerte, wesentliche Bestandteile (§ 28/II FlurBG) und Rechte und Lasten (§ 49) einmal außer Betracht, so kommt man bei Zugrundelegung der gleichen Entfernung zu einer werteinheitsmathematischen Formel:

Werteinheitssumme des Altbesitzes =
WE des Neubesitzes − Wegeabzugsfläche + Abfindungssumme[8].

---

[2] *Holtkotten*, in BK II B 6 d — keine Ausgleichungspflicht bestehender Ungleichheiten, aber gleiche Neuregelung. Aber Gleichbehandlung, wenn der Gesetzgeber tätig wird: ders., BK II B 6 f. Vgl. insbesondere die zu Art. 137 GG ergangenen Rechtsstellungsgesetze des Bundes vom 4. 8. 1953 BGBl I, S. 777 und Bayerns vom 11. 5. 1966, GVBl S. 195. Bemerkenswert ist Art. 3 Abs. 7 des bayerischen Gesetzes, das eine Nachzeichnung der Dienstlaufbahn vorsieht; *Panz*, BayVBl 1966, 333—373.
[3] BVerwG, DVBl 1963, 672.
[4] BGH, MDR 1964, 300.
[5] Hess. VGH, NDBZ 1964, 234.
[6] BVerwG, DÖV 1961, 948; BayVBl 1962, 85; BayVGH, U. v. 5. 8. 1965, BayVBl 1966, 422.
[7] BVerwG, MDR 1963, 703; BVerwG, RdL 1962, 217; 1961, 239/240.
[8] *Spaetgens*, Zur Kritik der Wertermittlungsmathematik, RdL 1964, 10.

dd) Dem gleichen Gesichtspunkt trägt § 57 BBauG bei der städtebauenden Umlegung Rechnung, indem er die Abfindung nach dem Verkehrswert berechnet[9]. In allen diesen beispielhaften Fällen ist durch Gesetz der Gleichheitssatz verdichtet worden zu einer exakten Rechts-, Amts-, Positions- oder Wertgleichheit, die keinen Raum mehr für das Willkürverbot läßt. Eine solche Konkretisierung des Gleichheitssatzes auf der Ebene des einfachen Gesetzes ist nicht unzulässig, vielmehr entspricht sie einem immanenten Gebot der Verfassung zur Verdichtung und Konkretisierung des allgemeinen Gleichheitssatzes auch auf den Gebieten, wo die Verfassung selbst die Verdichtung nicht vorgenommen hat, im Sinne eines Verfassungsauftrages.

d) Das Verhältnis des allgemeinen Gleichheitssatzes zu den besonderen Gleichheitssätzen

Die Interdependenz[10], die zwischen dem allgemeinen Gleichheitssatz und den besonderen Konkretisierungen nachgewiesen und vom Bundesverfassungsgericht im Rahmen der Rechtsprechung zum Gleichheitssatz zur Entfaltung gebracht wurde, bringt die Gefahr der Aufweichung, der strikten Gleichbehandlung mit sich.

Im nachfolgenden soll versucht werden, in umgekehrter Weise vorzugehen, nämlich die Konkretisierung des allgemeinen Gleichheitssatzes nicht als Ausnahme oder lex specialis zu verstehen, sondern aus ihnen weitere verfassungsrechtlich ungeschriebene Konkretisierung im Wege der Rechtsanalogie zu ermitteln. Diesem Vorhaben steht nicht das Verbot der Analogiebildung gegenüber Ausnahmevorschriften entgegen, weil Art. 3 Abs. 1 GG die Auslegung keineswegs auf das Willkürverbot festlegt. Dabei soll nicht die Existenzberechtigung des Willkürverbotes schlechthin verneint werden, es soll aber gezeigt werden, daß eine weitere Einengung von der Verfassung geboten und von der Rechtsprechung zum Teil unter falscher Begriffsbildung zunehmend vollzogen wird.

2. Explikative Erörterung des Interpretationsproblems an Hand der höchstrichterlichen Rechtsprechung

a) Der Gleichheitsgedanke und das Sonderopfer im Enteignungsrecht

Die Entscheidungen des BGH vom 6. 11. 1964[11] zeigen die Entwicklung des Enteignungs- und Aufopferungsrechts vom Eingriffsdenken auf die Einbeziehung aller unmittelbaren Auswirkungen in die Entschädigungs-

---
[9] OVG Münster, DVBl 1961, 299.
[10] *Rinck*, JÖR, Bd. 10, 276/277.
[11] DÖV 1965, 203; BGHZ 37, 44; BGH, DÖV 1964, 100; *Gallwas*, BayVBl. 1965, 40.

III. Die Unzulänglichkeit der Willkürinterpretation

tatbestände. Die Ausdehnung des Eingriffs auf eingriffsgleiche Maßnahmen einerseits und der Enteignung auf enteignungsgleiche Tatbestände andererseits, veranschaulichen eine Modifizierung des Gleichheitssatzes. Während die Ungleichheit im Sinne der Sonderopfertheorie Enteignung und enteignungsgleichen Eingriff konstituierte, ist sie jetzt nur noch ein Element im Rahmen der Übermaßabgrenzung oder Zumutbarkeitsprüfung[12]. Ungleichheit im Sinne der Enteignungsrechtsprechung war niemals Willkür, wie dies die Rechtsprechung zu Art. 3 GG verstanden hat, denn für den enteignenden Eingriff mußten ja immer Gründe des öffentlichen Wohls, also sachliche Gesichtspunkte sprechen. Mit der Einbeziehung aller subjektiven Rechtspositionen, mit der Ausdehnung des Schutzes von Art. 14 Abs. 1 GG auf rechtswidrig-schuldlose und auch schuldhafte Eingriffe und schließlich auch alle eingriffsgleichen Auswirkungen ist die Rechtsprechung den Weg zur Enteignungsentschädigung aus dem Gesichtspunkt der Lastengleichheit gegangen. Die terminologische Einordnung als Gefährdungshaftung, Haftung für enteignungsgleichen Eingriff und Aufopferungshaftung spielt keine entscheidende Rolle. Ob die „Égalité de tous devant les charges publiques" eine ausreichende Begründung für die objektive Haftungsnorm darstellt[13], bedarf hier keiner Erörterung. Von Bedeutung ist lediglich, daß sich das öffentliche Haftungsrecht — sei es auf dem Wege über die Ausdehnung des Aufopferungsgedankens, oder eines allgemeinen Wiedergutmachungsprinzipes — auf die Lastengleichheit im Sinne einer mittelbaren Chancengleichheit hin entwickelt. Der Gesichtspunkt der Lastengleichheit bedeutet, daß jede ungleiche Last abgenommen oder durch Gegenleistung ausgeglichen werden muß, ohne daß es auf die Willkürlichkeit oder sachliche Begründetheit des Eingriffs oder der Auswirkung ankommt.

Die Ungleichheit einer Last bedeutet im Rahmen der Zumutbarkeitsprüfung, daß den Betroffenen ein Anspruch auf Ausgleichung zugebilligt wird. Dem Gedanken der Lastengleichheit soll jedoch nicht weiter nachgegangen werden, da hier die Chancengleichheit nur mittelbar zum Zuge kommt.

---

[12] *Menger*, VerwArch. 1965, 374. *Rauch*, DVBl 1969, 169, 137.
[13] Kritisch hierzu *Leisner*, VVdStRL 20, 185, 228 mit Hinweis auf die franz. Literatur in Anm. 141; andrerseits *Jaenicke*, ebd., S. 135, 176, 180. Zur Frage der „gleichwertigen" Folgebeseitigung bzw. zur Wiederherstellung eines dem ursprünglichen Zustand „möglichst Gleichwertigen", vgl. die Auseinandersetzung *Weyreuthers* (Gutachten für den 47. DJT, München 1968, B 20), mit der wohl herrschenden Meinung, insbes. der Auffassung *Bettermanns* (DÖV 1955, 535), *Scheuners* (DÖV 1955, 550), *Heidenhains* (Amtshaftung und Entschädigung aus enteignungsgleichem Eingriff, Berlin 1965, S. 143), und die bei *Weyreuther*, a.a.O., S. B 20 in Anm. 27, 28, 34 angegebene Rechtsprechung und Literatur. Weyreuthers These von der nicht vollen Restitution im Rahmen des Folgenbeseitigungsanspruchs stellt sich als Rückzugsgefecht der austeilenden Gerechtigkeit gegenüber der Tauschgerechtigkeit auf dem Boden des Staatshaftungsrechtes dar.

III. Die Unzulänglichkeit der Willkürinterpretation

b) Abgabengleichheit und Steuergleichheit

Das Gleiche gilt für das gesamte öffentliche Abgabenrecht, wenn dort, wie z. B. bei der Beitragsbemessung im Rahmen des Bundesbaugesetzes oder der Gebührenberechnung bei gemeindlichem Anschluß- und Benutzungszwang, das Äquivalenzprinzip zu Grunde gelegt wird. In ihm kommt der Gedanke der Lasten- und Vorteilsgleichheit zwischen Nehmer und Geber einerseits, und der Chancengleichheit zwischen den verschiedenen Nehmern untereinander zum Ausdruck. Die Lasten- und Vorteilsgleichheit verlangt im ersteren Falle die Verfeinerung der Maßstäbe für Kosten und Nutzen[14]. Im letzteren Falle fordert die Lastengleichheit Einbeziehung auch der subjektiven Varianten in die Berechnung. Der BayVGH legt jedoch Art. 123 BV, welcher die Einbeziehung der Leistungsfähigkeit und des Einkommens bei der Besteuerung fordert, gegen den Wortlaut der Verfassung aus, so daß die verschiedenen Gebühren- oder Beitragsschuldner untereinander lasten- und chancenungleich sind. Darüber hinaus stellt sich die Frage, ob diese Gleichheit nur innerhalb der konkreten Verwaltungseinheit gefordert werden kann[15] oder ob unter Einengung der gemeindlichen Autonomie eine interkommunale Lastengleichheit verlangt werden muß. Das Willkürverbotsdenken konvergiert hier mit der Verteidigung der gemeindlichen Autonomie, doch sollte der Gedanke einer Lasten- und Chancengleichheit interkommunaler Art — man denke hier an die Zonenrandgebiete — durchaus mit der Wahrung gemeindlicher Selbständigkeit in Einklang zu bringen sein[16].

c) Der Gleichheitssatz in der sozialrechtlichen Rechtsprechung

Verschiedene Entscheidungen des Bundesverfassungsgerichtes und des Bayer. Verfassungsgerichtshofs zeigen auf dem Gebiet des Sozialversicherungsrechts und des Versorgungsrechts freier Berufe unter dem einheitlichen Leitgedanken des Willkürverbotes widersprechende Tendenzen. Diese Spannungen können nur dadurch erklärt werden, daß die Rechtsprechung, zum Teil verborgen unter dem Stereotyp des Willkür-

---

[14] BayVerfGE 16, 46 = B. v. 5. 4. 1963, DÖV 1964, 134, hält den Frontmetermaßstab noch für zulässig; OVG Münster, U. v. 15. 5. 1963, DÖV 1964, 136 = NJW 1964, 219. Die Verwechslung von Funktionsnorm und Kontrollnorm bei der Anwendung des Äquivalenzprinzipes kommt in der divergierenden Rechtsprechung des BVerwG (BVerwGE 5, 136/141; 12, 162/166) und des BVerfG (B. v. 11. 10. 1966, BB 1967, 6) zum Ausdruck. Ersteres betont das Gebot eines „angemessenen Verhältnisses" zwischen Gebühr und Wert, letzteres das Verbot des Mißverhältnisses. Der Versuch einer Zusammenschau durch das BVerwG, DVBl 1967, 577, überzeugt demgegenüber nicht. (Vgl. auch *Bachof*, JZ 1966, 789.)
[15] BayVerfGE 17, 122; BVerfGE 23, 327, 345 (zur proportionellen Berechnungsmethode bei Lastenausgleichsabgaben von Privatkrankenanstalten).
[16] A. A.; BayVerfGE 13, 27.

III. Die Unzulänglichkeit der Willkürinterpretation

schemas, bereits den Gedanken der Chancengleichheit aufgenommen hat.

aa) Im Verfahren über die Prüfung des § 69 Nr. 1 des Gesetzes über Arbeitsvermittlung und Arbeitslosenversicherung i. d. F. vom 12. Oktober 1929 im Rahmen des Art. 100 GG auf Grund eines Vorlagebeschlusses des SG Hamburg hat der I. Senat des Bundesverfassungsgerichts[17] die Ausnahmeregelung für die Angestellten der Deutschen Seeschiffahrt im Hinblick auf die Arbeitslosenversicherung für verfassungswidrig erklärt. Die umstrittene Bestimmung statuierte eine von der Höhe des Gehalts unabhängige Versicherungspflicht, während die übrigen Angestellten durch das AVAVG nur bis zur Höchstgrenze von 750,— DM monatlich versicherungspflichtig waren.

bb) Weiterhin ist bemerkenswert die Entscheidung des Bundesverfassungsgerichts zur Kranken- und Rentenversicherung der Ehefrau im Betrieb des Ehemannes[18]. Hier geht das Gericht von der arbeitsrechtlichen und steuerlichen Anerkennung des Ehegatten-Arbeitsverhältnisses aus[19] und verwirft die Auffassung, durch eine enttypisierende und formalisierende Betrachtungsweise, daß von einer wirtschaftlichen Abhängigkeit innerhalb der Ehen nicht die Rede sein könne. Während nun die Krankenversicherung wegen der Möglichkeit der freiwilligen Weiterversicherung den Gleichheitssatz nicht verletzt, sieht es im Ausschluß der Rentenversicherung — besonders in der Unmöglichkeit der freiwilligen Weiterversicherung — einen Verstoß gegen den Gleichheitssatz, Art. 3 Abs. 1 GG — nicht Art. 3 Abs. 2 GG — weil ja auch für den angestellten Ehemann das gleiche gilt. Dabei geht das Gericht von der zutreffenden Erwägung aus, daß die Rentenversicherung wegen der Beteiligung des Arbeitgebers bzw. der steuerlichen Absetzbarkeit, der öffentlichen Zuschüsse, der laufenden Rentenanpassung und der höheren Rechtssicherheit gegenüber jeder Privatversicherung günstiger ist, und ein Ausschluß

---

[17] B. v. 27. 5. 1964, BVerfGE 18, 38 = NJW 1964, 1411; BVerfG, B. v. 13. 12. 1966, BVerfGE 20, 374 = NJW 1967, 243; BVerfG, B. v. 13. 12. 1966, BVerfGE 20, 379 = NJW 1967, 244.

[18] BVerfGE 18, 257.

[19] BVerfGE 6, 55; 9, 237; 13, 290, 318. Vgl. auch die Entscheidung vom 16. 2. 1965, BVerfGE 18, 366 (372) über die Nichtigkeit von § 65 Abs. 2 AVAVG = DVBl 1965, 438 (Ausschluß der bei den Eltern beschäftigten Kinder von der Arbeitslosenversicherung). Hier spricht das Gericht vom Mangel überwiegender Gründe und vom Einwirken der Sozialstaatsklausel auf Art. 3 Abs. 1 GG. Vgl. dagegen BVerfG, B. v. 13. 12. 1966, NJW 1967, 197. Während BVerfGE 22, 163/168 diesen Gedanken fortführt, lehnen BVerfGE 22, 349/363; 23, 258/262 ff.; 23, 135/145 wie auch schon BVerfGE 23, 12/24 die Anwendung des Gleichheitssatzes ab. Besonders bedenklich ist die Entscheidung BVerfGE 23, 135/145, wenn dort unter Anknüpfung an frühere Entscheidungen ein Gleichheitsverbot nur bei evidenter Unsachlichkeit angenommen wird. Das bedeutet die Übernahme der Nichtigkeitslehre vom fehlerhaften Staatsakt im Bereich des Gleichheitssatzes.

deshalb als Nachteil empfunden werden muß. Die Differenzierung wäre doch ohne weiteres aus dem Gesichtspunkt des sachlich einleuchtenden Grundes gerechtfertigt gewesen, jedenfalls insofern, als man hierin keine willkürliche Schlechterstellung des Ehegatten-Arbeitnehmers erblicken könnte. Das BVerfG entzieht sich dieser Schlußfolgerung mit Hilfe der Enttypisierung und Formalisierung aller Arbeitsverhältnisse unter Berufung auf Art. 6 GG. Das erste Argument läßt deutlich erkennen, daß durch Manipulation der vergleichbaren Sachverhalte — durch Enttypisierung oder Formalisierung — der Kreis der einleuchtenden sachlichen Gründe beliebig verengt oder auch erweitert werden kann. Während dieses Argument fraglich erscheint, ist der Berufung auf Art. 6 dagegen zuzugeben, daß hier in Verbindung mit Art. 3 Abs. 1 GG der Gleichheitssatz zur Chancengleichheit des Ehegatten-Arbeitnehmers mit den übrigen Arbeitnehmern Gestalt gewinnt. Es scheint deshalb richtiger zu sein, das Willkürverbot, sei es mit Hilfe materialer Grundrechtsbestimmungen, oder sei es aus anderen Erwägungen, zu verlassen, und sich zum Grundsatz der Chancengleichheit zu bekennen, ohne durch Manipulationen die Vergleichstatbestände einzuengen.

cc) Frühere Entscheidungen — zum allerdings umgekehrten Falle der Doppelversorgung — der angestellten Apotheker und Ärzte haben auf dem Boden des Willkürverbotes den BayVerfGH und das BVerfG veranlaßt, in dieser Mehrbelastung — soweit man hier überhaupt eine Benachteiligung sehen will — keine willkürliche Behandlung zu erblicken[20]. Die Versicherungslosigkeit auf der einen Seite und die zusätzliche oder Doppelversicherung auf der anderen Seite müßte doch in der Rechtsprechung zu gleichen Entscheidungen führen, wenn man in beiden Fällen eine Benachteiligung erblickt. Die Berufung auf die Einheit des Apotheker- und Ärztestandes, auf die öffentlichen Aufgaben und auf die Notwendigkeit der Heranziehung der Angestellten dieses Berufsstandes als Übergangsstadium zum freien Beruf kann, wenn man eine formalisierende und entypisierende Betrachtung auch in diesen Fällen anwendet, und nur das Arbeitsverhältnis als solches in den Vordergrund stellt, zu keiner Differenzierung rechtfertigen.

dd) Der BayVerfGH hat in zwei Entscheidungen zu § 23 Abs. 2 der Satzung der Bayer. Ärzteversorgung die Frage zu entscheiden gehabt, ob der Gleichheitssatz der BV deshalb verletzt sei, weil die Ärzteversorgung die Versorgungsleistung an die Bedingung der Aufgabe der Kassenpraxis knüpft, während bei frei praktizierenden Ärzten eine Einschränkung oder Aufgabe der Praxis nicht verlangt wurde (sog. Lockerung des Invaliditätsprinzips[21]). Die zweite Entscheidung beschäftigte sich

---

[20] BayVerfGE 5, 287; 16, 117; vgl. auch BVerfGE 10, 354.
[21] BayVerfGE 15, 59; 16, 32.

III. Die Unzulänglichkeit der Willkürinterpretation

mit der Frage, ob eine Differenzierung gegenüber Tierärzten dergestalt zulässig sei, daß hier eine Fortführung der Praxis in allen Fällen als zulässig angesehen wird[22]. In der Entscheidung über die Versorgung der Tierärzte prüfte der BayVerfGH drei Möglichkeiten:

a) Streichung des Bedingungssatzes,
b) Einschränkung auch bei Tierärzten,
c) Lockerung des Invaliditätsprinzips.

Die Entscheidungen überzeugen nicht unter dem Gesichtspunkt des Willkürverbots, allenfalls läßt sich die Entscheidung des BayVerfGH zur Tierärzteversorgung damit rechtfertigen, daß es sich um andere Lebenskreise handelt — ein Indiz, das das BVerfG herausgearbeitet hat und das von Fuß[23] besonders gewürdigt wurde. Die Entscheidung zur Ärzteversorgung muß demgegenüber als verfehlt angesehen werden, weil hier gleichliegende oder doch im wesentlichen gleichliegende Personengruppen gegeben sind, wenn nämlich Ärzte mit überwiegender Kassenpraxis einerseits und Ärzte mit überwiegender Privatpraxis andererseits gegenübergestellt werden. Schon unter dem Willkürverbot erscheint die Entscheidung problematisch, weil hier eine Differenzierung nach reich und arm vorliegen könnte[24]. Die Entscheidung des Bundesverfassungsgerichts kommt ja offenbar mit dem Willkürverbot bei den Angestellten der Deutschen Seeschiffahrt zu einem ganz anderen, ja entgegengesetzten Ergebnis, obschon sich hier auch vernünftige, aus der Natur der Sache sich ergebende oder sonstige einleuchtende Gründe finden ließen, wie die größere wirtschaftliche Gefährdung der deutschen Schiffahrt, die Anknüpfung an die unbeschränkte Krankenpflichtversicherung gemäß § 165 RVO, oder die Ausdehnung eines an sich gewünschten Prinzips größerer sozialer Sicherung, beschränkt auf einen abgesteckten Personenkreis. Hinter diesem Entscheid verbirgt sich ein anderes Prinzip oder besser eine neue Konkretisierungsform des Gleichheitssatzes in der Gestalt der Chancengleichheit. Die Angestellten zur See sollen die gleichen wirtschaftlichen Chancen und Risiken haben wie die sonstigen Angestellten. Desgleichen sollten auch die Ärzte mit Privatpraxis und die mit Kassenpraxis die gleichen wirtschaftlichen Chancen haben und schließlich sollte, um ein weiteres Beispiel anzuführen, die Kindergeldgewährung nur von der Bedürftigkeit, nicht aber von der Frage des Ledig- oder Verheiratetseins abhängig gemacht werden.

---

[22] BayVerfGE 4, 219, Leits. 11; 5, 287, Leits. 6. Siehe auch BVerfGE 11, 283.
[23] JZ 1962, 565, 595 und 737.
[24] Vgl. BVerwG, DVBl 1965, 324 zur Witwenversorgung, mit ablehnender Anm. von Ule mit Hinweis auf § 18 BBesG und OVG Bremen, DVBl 1965, 335 zu § 153 Bremer Beamtengesetz; OVG Lüneburg, DVBl 1965, 337 zu § 97 DBG.

III. Die Unzulänglichkeit der Willkürinterpretation

d) Der Gleichheitssatz im Kultus- und Bildungswesen

aa) Im weiteren Raume von Kultus, Kultur und Bildung ist die politische Forderung nach Chancengleichheit unüberhörbar. Es ist zutreffend bemerkt worden, daß die staatliche Schule einschließlich der Hochschule in der „Rolle einer bürokratischen Zuteilungsapparatur von Lebenschancen" gerät; sie wird „eine Art Zuteilungsamt in einer Sozialchancen-Zwangswirtschaft"[25]. Deshalb stellt sich die Frage, mit welchem Recht das überkommene Bildungssystem den breiten Volksschichten nur eine Elementarbildung zuteil werden läßt, die akademische Bildung aber einer Mittelstandselite vorbehält[26].

Das Bekenntnis zur freiheitlichen Demokratie und zum Sozialstaat schließt im Grunde genommen die Verwirklichung eines chancengleichen Bildungssystems in sich. Die Rechtsprechung, die es hier mit den, meist im Programmatischen verhafteten status positivus vel socialis zu tun hat, ist immer noch dem Willkürverbotsdenken verschrieben und hat nur zögernd auf Teilgebieten die Konkretisierung zur Chancengleichheit verwirklicht.

bb) Zwei Entscheidungen des BayVerfGH sind für die Frage der Anwendung und Auslegung des Gleichheitssatzes im Bildungswesen, also für die Frage der Umwandlung des Willkürverbotes zur Chancengleichheit von Interesse[27]. Die Erste Entscheidung untersucht an Hand von Art. 94 Abs. 1 (Wettbewerbsklausel) und Art. 118 BV die Verfassungsmäßigkeit von § 34 APO vom 17. 10. 1962, GVBl 261. Diese sah Prüfungserleichterungen für Kriegsbeschädigte, Wehrdienst- und Dienstbeschädigte, Kriegsheimkehrer und solche zivilen Schwerbeschädigten vor, die nach § 2 des Schwerbeschädigtengesetzes gleichgestellt wurden. Einem Zivilbeschädigten, der das zweite juristische Staatsexamen antreten wollte, wurden die Prüfungsvergünstigungen (Arbeitszeitverlängerung) versagt, weil er nicht nach § 2 SchwbG gleichgestellt werden konnte, da er einen freien Beruf — den Anwaltsberuf — anstrebte. Der BayVerfGH hielt § 34 sowohl mit der Wettbewerbsklausel als auch mit dem Gleich-

---

[25] *Schelsky*, Schule und Erziehung in der industriellen Gesellschaft, Würzburg 1957; *Krockow*, Bildungssystem, Chancengleichheit und Demokratie, in: Schweizer Monatshefte 1964, 1061, 1070; *Heckel*, DÖV 1968, 371 (373); *Kimminich*, DÖV 1968, 376 (380).

[26] *Krockow*, ebd., S. 1075; *Dahrendorf*, DRiZ 1965, 5 ff.; ders., Gesellschaft und Demokratie in Deutschland, München 1965; *Zwingmann*, Zur Soziologie des deutschen Richters in der BRD, Berlin 1966, insbes. S. 153, zum Verhältnis von Sozialprestige und Richterstellung, und S. 155 mit kritischer Stellungnahme zu Dahrendorf.

[27] BayVerfGE 16, 101/111. Durch Verordnung vom 24. 11. 1964, GVBl, S. 195 ist § 34 APO vom 17. 10. 1962 dahingehend geändert worden, daß Behinderten die nicht Schwerbeschädigte im Sinne des Gesetzes sind, Prüfungsvergünstigungen gewährt werden können.

III. Die Unzulänglichkeit der Willkürinterpretation

heitssatz für vereinbar, gewährte also diesem Zivilbeschädigten keine Prüfungserleichterung.

Die zweite Entscheidung[28] besagt demgegenüber: „Das durch Art. 118 Abs. 1 BV für Prüfungen verbürgte Prinzip der Chancengleichheit ist schon dann verletzt, wenn ein Grund vorliegt (wirtschaftliche Beziehungen), der geeignet ist, Mißtrauen zu rechtfertigen." Selbst wenn die Prüfung objektiv nicht parteiisch ist, ist die Chancengleichheit nicht nur im mündlichen Examen, sondern auch bei Hausarbeiten und Klausuren verletzt, weil — nun widerspricht sich das Gericht — die Prüfung nicht sachgerecht und deshalb willkürlich ist. Wie kann ein objektiv unparteiisches und nicht unrichtiges Prüfungsergebnis nicht sachgerecht und willkürlich sein? Zu diesem Zirkelschluß kommt das Gericht, weil es einmal auf die Besetzung und dann wieder auf die Benotung abstellt. Es kommt zwar zum richtigen Ergebnis, doch mit unzureichender Begründung. Nicht der Gleichheitssatz in der Gestalt des Willkürverbots, sondern in der Gestalt der Chancengleichheit ist verletzt[29].

cc) Schließlich sei noch auf die Entscheidung zur Zulässigkeit der Beschränkung des Doppelstudiums nach § 2 Abs. 2 der Satzung für die Universität München hingewiesen. Danach verstößt diese Vorschrift in Gestalt der verfassungskonformen Auslegung nicht gegen Art. 118 BV[30]. Vom Standpunkt des reinen Willkürverbots hätte es keiner verfassungskonformen Auslegung bedurft, um die Universitätssatzung als verfassungsmäßig anzusehen, weil genug sachliche Gründe für den Ausschluß von Zweitstudien, die nicht Zusatz- oder Ergänzungsstudien sind, bei der vorhandenen Überfüllung der Universitäten gegeben sind (bei unbilliger Härte ist die Klausel nicht anzuwenden.) Bei Überfüllung der Universität ist die Auswahl statthaft, wobei der Wettbewerbscharakter und Art. 128 BV (innere Befähigung bzw. Berufung) den Maßstab des Reifezeugnisses (nicht den des Eingangs der Bewerbungen) fordert oder zuläßt, weil eigene Prüfungen der Universität nicht zumutbar sind. Diese Entscheidung gelangt zur Chancengleichheit auch für den Studenten, der bereits ein abgeschlossenes Hochschulstudium hat. Von hier aus erscheint es problematisch, ob der Grundsatz der Priorität bei der Behandlung von Anträgen[31] dem Chancengleichheitsgebot gerecht wird.

dd) Auch im Raum des Religiösen und Kirchlichen ist die Chancengleichheit als aequalitas exacta mutuaque und nicht nur die rechtsver-

---
[28] BayVerfGE 17, 18 = BayVBl 1965, 202.
[29] Vgl. auch die gleichheitswidrige Differenzierung zwischen geprüften Rechtskandidaten und Referendaren im Wiedergutmachungsrecht nach § 31 h BWGöD, BVerfGE 18, 288.
[30] BayVerfGE 17, 30.
[31] BVerwG, BB 1964, 107; vgl. den Besitzstandsschutz VGHE 16, 105; zum Vorrang: OVG Münster, BB 1964, 1455.

dünnte Form des Willkürverbotes von Bedeutung. Dies folgt schon aus Art. 3 Abs. 3; 4 Abs. 1; 33 Abs. 3 GG. Dennoch ist auch hier die Rechtsprechung dem Willkürverbotsdenken so verpflichtet, daß sie entweder zu unrichtigen Entscheidungen, jedenfalls aber zu unrichtigen Begründungen zutreffender Urteilssprüche kommt. Die Entscheidung des BVerfG vom 28. 4. 1965[32] gelangt in der Interpretation des § 8 Abs. 1 Nr. 4 PrGKG mit unzutreffender Begründung zu dem allerdings zutreffenden Ergebnis der Gleichbehandlung der Neuapostolischen Kirche mit den anderen öffentlich-rechtlichen Religionsgemeinschaften in Bezug auf die Gebührenfreiheit. Der sachgerechte Grund für die Gebührenbefreiung, nach § 8 Abs. 1 Nr. 4 PrGKG aufgeführt, ist die Gemeinnützigkeit dieser Einrichtung. Insofern liegt keine willkürliche Besserstellung gegenüber den nichtgemeinnützigen und nichtprivilegierten Körperschaften und Einrichtungen vor. Innerhalb der Religionsgesellschaften könnten Unterscheidungen gemacht werden, wenn sich ein sachlicher Grund hierfür vorweisen ließe. Das BVerfG hat nun die Frage geprüft, ob die Neuapostolische Kirche von der Gebührenbefreiung zu Recht ausgenommen werden könne, weil sie keine „ausdrücklich aufgenommene" Religionsgesellschaft im Sinne des § 17 Teil II Titel 11 des PrALR sei, weil sie nicht aus der gleichen Tradition stamme, nicht das Eigenständigkeitsbewußtsein der anderen Kirchen habe, nicht durch Konkordate und Kirchenverträge mit dem Staat verbunden sei und in der Gebührenbefreiung eine negative Staatsleistung liege. Während die Ausführungen zu den übrigen sachlichen Kriterien in sich geschlossen sind, muß die Kritik bei der Frage der öffentlichen Aufnahme als einem zulässigen sachlichen Kriterium einsetzen. Die willkürliche Differenzierung zwischen Altlutheranern und Altkatholiken veranlaßt in einem ähnlich gelagerten Fall das BVerfG zur folgenden Stellungnahme: „Der Preußische Staat hat also hinsichtlich der ausdrücklichen Aufnahme von Religionsgesellschaften auch wesentlich gleiche Tatbestände ungleich behandelt. Diese rechtliche Ungleichbehandlung kann eine weitere Ungleichbehandlung nicht vor Art. 3 GG rechtfertigen." Hier liegt eine petitio principii vor, denn das Gericht versäumt es, das wesentlich Gleiche zwischen Altkatholiken und Altlutheranern einerseits und der Uniierten Kirche, sowie der Römisch-Katholischen Kirche andererseits darzutun.

Besteht aber dieses wesentlich Gleiche essentiell, dann war die Privilegierung der Altkatholiken im Sinne der traditionellen Rechtsprechung willkürlich und damit im Lichte des heutigen Grundrechtsverständnisses verfassungswidrig. Eine verfassungswidrige Regelung kann aber nicht zum Ausgangspunkt oder Bezugspunkt des Gleichheitssatzes werden, da es keinen Anspruch aus dem Gleichheitssatz auf Fehlerwiederholung

---

[32] NJW 1965, 1427.

III. Die Unzulänglichkeit der Willkürinterpretation

gibt. Die Entscheidung ist aber dennoch richtig, weil sie dem Gesichtspunkt der staatlichen Neutralität und der Forderung der Chancengleichheit für konkurrierende Kirchen mit dem Charakter öffentlicher Körperschaften entspricht (Art. 3 Abs. 1 GG).

ee) Die Entscheidung des Hessischen Staatsgerichtshofs vom 27. 10. 1945[33] über das Verbot des gemeinsamen Schulgebetes soll abschließend einer kurzen Betrachtung aus dem Gesichtspunkt der elternrechtlichen Chancengleichheit unterzogen werden, weil das Gericht, welches das Problem lediglich an Hand der Gewissensfreiheit und des Trennungsgrundsatzes prüft, diese grundlegende Norm nur am Rande berührt. Auf die Wahrung der negativen Bekenntnisfreiheit hätten auch die Eltern Rücksicht zu nehmen, die das Schulgebet wünschten. Dieser Argumentation bedürfe es nicht, wenn die Hessische Verfassung eine absolut neutrale — nicht nur konfessionell neutrale — Schule mit der Gemeinschaftsschule ins Leben gerufen hätte (Art. 56 II HV). Die Argumentation ist aber auch in sich selbst unrichtig, weil sie den Konflikt zwischen negativer und positiver Bekenntnisfreiheit einseitig zugunsten der ersteren löst. Hier muß das Elternrecht auf chancengleiche Bildung und Ausbildung zusammen mit dem Toleranzgebot der Verfassung zu einer Konfliktlösung kommen, die sowohl der positiven Bekenntnisfreiheit wie der negativen chancengleiche Verwirklichung einräumt. Die Entscheidung des Supreme Court (25. 6. 1963[34]) — und hierin liegt wohl der Irrtum des Urteils — ist wegen der ganz anders gelagerten staatskirchenrechtlichen Verhältnisse nicht ohne weiteres auf die schulrechtlichen Gegebenheiten in der Bundesrepublik zu übertragen.

e) Gleichheit oder Chancengleichheit auf wirtschaftlichem Gebiet

Die Chancengleichheit als Konkretisierung des allgemeinen Gleichheitssatzes greift ein, wo Gesellschaft, Staat oder Wirtschaft ein agonales Strukturelement aufzeigen (Fall der Umsatzsteuer, der Prüfung), aber auch dort, wo im Rahmen der Leistungsverwaltung, der Subventionierung oder der sozialen Betätigung Begünstigungen gewährt werden, der Staat bzw. die öffentliche Hand einen stark sozial geprägten Zug aufweisen. Die Chancengleichheit verdichtet sich weiterhin zur Parität, wenn der freie Bewegungsspielraum durch Oligopole politischer oder wirtschaftlicher Art nur noch auf wenige Handlungsalternativen be-

---

[33] DÖV 1966, 51. Zustimmend mit anderer Begründung: *Zezschwitz*, JZ 1966, 337; dagegen mit Recht: *Böckenförde*, DÖV 1966, 30 und *Scheuner*, DÖV 1966, 145, 151. Vgl. ferner: OVG Bremen, DÖV 1966, 149. *Pongratz*, Schulgebet und Verfassung, Jur. Diss., München 1967.

[34] Vorgänge, S. 480; vgl. auch Staatsgerichtshof Bremen, 23. 10. 1965, Vorgänge S. 485. *Scheuner*, a.a.O. S. 159. Vgl. dagegen *Fischer*, Vorgänge 1965, S. 457.

schränkt ist[35]. Paritätsfragen stellen sich im gegenwärtigen Zustand der Wirtschaft nicht, doch zeigt sich eine wachsende Forderung nach Chancengleichheit auch auf wirtschaftlichem Gebiet. Die erkämpfte formale Rechtsgleichheit, politische Gleichheit und Wahlrechtsgleichheit scheinen den Bedürfnissen der modernen Industriegesellschaft nicht mehr zu genügen. Doch auch hier löst sich die Rechtsprechung nur sehr zögernd von der Interpretation des Gleichheitssatzes als Willkürverbot.

aa) Das Bundesverfassungsgericht hat mit Urteil vom 6. 5. 1964[36] über zwei Verfassungsbeschwerden gegen das Umsatzsteuergesetz i. d. F. vom 1. 9. 1951, Art. 2 des Neunten Gesetzes zur Änderung des Umsatzsteuergesetzes vom 18. 10. 1957 und Art. 1 Ziff. 1 des Elften Gesetzes zur Änderung des Umsatzsteuergesetzes vom 16. 8. 1961 zu entscheiden gehabt. Gegenstand war die Frage, ob die umsatzsteuerliche Behandlung von Lieferungen als Innenlieferungen, wenn es sich um den Fall einer Organschaft handelt, den Gleichheitssatz gegenüber solchen Unternehmungen verletzt, die nicht zu einer Organschaft zusammengeschlossen sind. Es könnte sich somit um ein Privilegium der horizontalen Wirtschaftskonzentration handeln, weil die mehrstufigen Betriebe im Gegensatz zu den einstufigen, meist kleineren Betrieben, eine geringere Umsatzsteuerbelastung und deshalb eine niedrigere Selbstkostenrechnung aufweisen. Das Bundesverfassungsgericht hat in Bd. 18, 1, sich lediglich zur Frage der gegenwärtigen unmittelbaren Selbstbetroffenheit geäußert. Vom Standpunkt der Willkürinterpretation müßte man der sachlichen Verknüpfung zur Organschaft einen sachlogischen Grund für die Differenzierung als gegeben ansehen, während im Lichte des Chancengleichheitsgebotes die chancenungleiche Verzerrung des Wettbewerbes eine steuerrechtliche Unterscheidung nicht rechtfertigen würde.

bb) Die Entscheidung des BVerfG vom 13. 7. 1965[37] zur Frage der Verfassungswidrigkeit der Zweigstellensteuer für Wareneinzelhandelsunternehmen steht ebenfalls noch auf dem Boden der Willkürverbotsinterpretation. § 17 des Gewerbesteuergesetzes ließ eine erhöhte Gewerbesteuer für nicht ortsansässige Zweigniederlassungen von Wareneinzelunternehmen zu, und unterwirft sie damit bei gleichem Gewerbekapital und Gewerbeertrag einer ungleichen Belastung. Die vom Gericht erörterte

---

[35] *Maunz*, Toleranz und Parität im Deutschen Staatsrecht, München 1953, Universitätsreden, n. F., H. 5.
[36] BVerfGE 18, 1; BVerfG, U. v. 20. 12. 1966, DÖV 1967, 164 = NJW 1967, 147. *Böckenförde*, Verfassungsinterpretation oder fiskalische Rücksichten?, DÖV 1967, 157. Vgl. auch den B. des BVerfG v. 7. 5. 1968, BVerfGE 23, 242, der die Anwendung des Gleichheitssatzes im Steuerrecht im Verhältnis von Grundbesitz und Wertpapierbesitz behandelt; hierzu: *Schwedny*, Grundbesitzbewertung und Gleichheitssatz, BB 1968, 1049.
[37] DVBl. 1965, 643 = BVerfGE 19, 101, ergänzt durch BVerfG, E. v. 14. 2. 1967, NJW 1967, 819 in bezug auf Banken.

III. Die Unzulänglichkeit der Willkürinterpretation

Frage der Teilnichtigkeit[38] soll hier außer Betracht bleiben. Von Interesse ist nur die Art der Begründung, die das Gericht seiner Entscheidung über die Teilnichtigkeit von § 17 des GwStG gibt. Es erörtert zunächst alle sachlogischen Strukturen, welche den nicht ortsansässigen Filialbetrieb von der Filiale eines ortsansässigen Warenunternehmens unterscheiden könnten, um auf diesem Weg der via negationis jeden sachlich einleuchtenden Grund auszuschließen. Auf diesem methodischen Wege werden folgende Kriterien geprüft: Schlechterstellung von Auswärtigen gegenüber Einheimischen[39], Abgeltung für besondere Aufwendungen und Belastungen der Gemeinde, mangelnde Krisenfestigkeit der Filialen, geringere Steuereinnahmen wegen Zerlegung des einheitlichen Steuermeßbetrages. Nachdem das Gericht alle diese Strukturunterschiede verneint, prüft es die Frage, ob die vom Gesetzgeber intendierte Absicht des Mittelstandsschutzes ein ausreichender Strukturunterschied sei, um eine Differenzierung zu rechtfertigen. Nimmt man das weite Feld gesetzgeberischer Absichten in die Wesensmerkmale und Sachstrukturen der zu vergleichenden Tatbestände auf, dann wird das Willkürverbotsschema völlig unbrauchbar, weil die gesetzgeberische Intention rechtlich, wenn auch nicht politisch willkürlich ist. Eine Willkürverbotsinterpretaion kann sich dann nur unterhalb der Ebene der gewillkürten gesetzgeberischen Lenkungsmaßnahmen vollziehen. Hier verläßt auch das Bundesverfassungsgericht im Grunde genommen das Willkürverbotsschema und geht zur Chancengleichheitsinterpretation über, wenn es ausführt: „Es wäre auch mit dem aus Art. 3 Abs. 1 GG abzuleitenden Grundsatz der gleichmäßigen Behandlung der Steuerzahler nicht zu vereinbaren, wenn eine mangelhafte Verteilung des Steueraufkommens zwischen den Gemeinden dadurch ausgeglichen würde, daß die benachteiligten Gemeinden einzelne Gruppen von Steuerpflichtigen zu einer höheren Steuerlast heranzögen[40]." Die Nichtigkeit der Zweigstellensteuer wird schließlich auch nicht mit der Willkürlichkeit der Sondergewerbesteuer gegenüber den Ortsansässigen, sondern wegen der mangelnden Durchführung der gesetzgeberischen Intention in Bezug auf den Mittelstandsschutz ausgesprochen. Entscheidend war also der Umstand, daß auch andere überörtliche Einzelwarenunternehmen, die nicht über Filialbetriebe verfügen, den Mittelstand beeinträchtigen, ohne daß diese von der Steuer erfaßt werden.

cc) In einer Entscheidung vom 19. 12. 1963 hat das BVerwG[41] in der Frage, ob die Ausdehnung einer Monopolfeuerversicherung auf Mobiliar-

---

[38] BVerfGE 8, 274.
[39] BVerwG, U. v. 24. 9. 1965 VII C 180, 63.
[40] DVBl 1965, 643; *Böckenförde*, DÖV 1967, 157; BVerfG, U. v. 20. 12. 1966, DÖV 1967, 164 = NJW 1967, 147.
[41] DVBl 1964, 954.

versicherung die Chancengleichheit verletzt, zwar eingeräumt, daß eine allgemeine Tendenz zur Verdichtung des Gleichheitssatzes in Chancengleichheit bestehe, daß aber ein solcher allgemeiner Verfassungsgrundsatz noch nicht anerkannt sei. Die Entscheidung des BVerfG vom 24. 6. 1958[42], auf die sich der I. Senat des BVerwG beruft, hat vielmehr die Chancengleichheit im vorpolitischen gesellschaftlichen Raum abgelehnt. Auch aus dem prüfungsrechtlichen Chancengleichheitssatz will der I. Senat in BVerwGE 17, 306 keine Folgerung für das Wirtschaftsverwaltungsrecht ziehen. Dieser Rechtsprechung ist der VII. Senat unter Anknüpfung an seine prüfungsrechtliche Entscheidung entgegengetreten[43]. In der Entscheidung vom 13. 11. 1964 zur Zulässigkeit des Sichtvermerkverfahrens der Außenhandelsstelle für Erzeugnisse der Ernährung und Landwirtschaft hat der VII. Senat darauf hingewiesen, daß das Verfahren rechtswidrig wäre, wenn es die Chancengleichheit unter den Importeuren verschieben würde. In der Entscheidung vom 30. 4. 1965 hatte es über die Frage zu entscheiden, ob Genehmigungen nach § 4 der Interzonenhandelsverordnung[44] versagt werden können, wenn bestimmte Gruppen von Interzonenkaufleuten wegen ihrer Mitgliedschaft in den Ausschüssen zur Förderung des deutschen Handels durch sowjetzonale Dienststellen bevorzugt werden und die Versagung der Genehmigung dazu dient, um die Chancengleichheit innerhalb der am Interzonenhandel beteiligten Kaufleute wiederherzustellen. Das Gericht beruft sich hier, im Gegensatz zu den Vorinstanzen darauf, daß im Rahmen eines kontingentierten Warenaustausches der Gesichtspunkt der gleichmäßigen Berücksichtigung aller Beteiligten in den Vordergrund gestellt werden muß. Denn in kontingentierten Wirtschaftsbereichen sei der im Gleichheitssatz gebotene Schutz nur effektiv, wenn Chancengleichheit gewährt werde[45].

Zum gleichen Ergebnis kann man unter der Sicht des Art. 12 Abs. 1 GG gelangen, wenn man — stillschweigend — eine Ungleichstellung durch staatliche Monopole verwirft und somit vorweg Chancengleichheit postuliert[46].

---

[42] BVerfGE 8, 51 (68).
[43] BVerfG, U. v. 16. 2. 1965 = DVBl 1965, 360.
[44] BVerwG, U. v. 30. 4. 1965, VII C 2, 64, DÖV 1965, 679 (Nr. 207). Zum Diskriminierungsverbot (most favorite nations clause = Meistbegünstigungsklausel) als positive Fassung des Diskriminierungsverbotes, vgl. *Zimmermann,* Die Preisdiskriminierung im Recht der Europäischen Gemeinschaft für Kohle und Stahl, Frankfurt/M. 1962, S. 30 ff.
[45] Zur Chancengleichheit zwischen Binnenschiffahrt und Bundesbahn vgl. BVerwG, U. v. 12. 7. 1965, VII C 7, 64. Insofern ist es konsequent, wenn das BVerwG aus dem Grundsatz der Wettbewerbsneutralität des LadenschlußG keinen Anspruch auf polizeiliches Einschreiten begründet (BVerwG, B. v. 21. 11. 1967, DÖV 1968, 214).
[46] So *Obermayer-Steiner,* NJW 1969, 1457 mit Bezug auf BVerfGE 21, 245; 21, 261; 21, 271.

IV. Die Entwicklung des Chancengleichheitsgedankens

1. Der Gleichheitssatz und die Chancengleichheit im Zivilrecht

Die Konkretisierung des allgemeinen Gleichheitssatzes zur Chancengleichheit ist nicht neu. Die Idee der öffentlichen Lastengleichheit (égalité des charges publiques), die dem französischen Recht entstammt, befindet sich im Vordringen[1]. Aber auch auf anderen Gebieten des öffentlichen Rechts wie im Privatrecht zeigt sich deutlich, daß dort, wo agonale Strukturelemente oder sozialstaatliche Forderungen bestehen, die Chancengleichheit als Waffengleichheit oder als Parität oder als Gleichbehandlung anerkannt ist.

a) Justitia commutativa und distributiva im Privatrecht

Innerhalb des Privatrechts sind diejenigen Rechtssubjekte durch Gewohnheitsrechtssätze einem Gleichbehandlunggebot unterworfen, die als Organwalter oder Repräsentanten eines rechtlich geformten Sozialgebildes dessen Gliedern gegenübertreten, wenn und soweit die Rechtsstellung der Glieder zueinander bestimmt oder Güter zugeteilt bzw. Lasten auferlegt werden.

Es zeigt sich, daß ein auf induktivem Weg umschriebener Umfang einer Gleichheitsbindung im Privatrecht dem Wesen des in Art. 3 Abs. 1 GG formulierten Gleichheitsgrundsatzes entspricht, der begrifflich eine gleichzubehandelnde, rechtlich verbundene Personenmehrheit und einen „Darüberstehenden" voraussetzt, der gleich zu behandeln hat (justitia distributiva). Das Familien- und Eherecht wie das Erbrecht werden gegenüber dem Verbandsrecht und distributiven Arbeitsrecht, weil sie ihrer

---

[1] *Hübschmann/Hepp/Spitaler*, RdNr. 29 ff. zu § 1 AO (Lieferung Januar 1968) schließen sich allerdings der Willkürinterpretation an. Vgl. ferner: *Klein*, Die bisherige Rechtsprechung des BVerfG in Finanz- und Steuerfragen, Schriftenreihe des Instituts Finanzen und Steuern, Heft 58, Bd. 1 und 2; *Schmidt-Bleibtreu/Klein*, Steuerrecht unter Verfassungskontrolle, Berlin 1966, S. 80 ff.; *Spanner*, Der Steuerbürger und das Bundesverfassungsgericht, Berlin 1967, S. 115 ff.; *Matern*, NJW 1964, 617; Der Betrieb 1965, Beilage Heft 8 zu Heft 20; *Meyer/Arndt*, Verfassungswidrigkeit der derzeitigen Vermögensbesteuerung, BB 1965, 620; *Frey*, BB 1967, 212. BVerfG, B. v. 13. 12. 1966, NJW 1967, 197; *Böckenförde*, Verfassungsinterpretation oder fiskalische Rücksichten?, DÖV 1967, 157; BVerfG, U. v. 20. 12. 1966, DÖV 1967, 164 = NJW 1967, 147.

sozialen Verdichtung entkleidet wurden, von der justitia commutativa beherrscht[2].

b) Waffen- und Chancengleichheit im Arbeitsrecht

Darüberhinaus zeigt das Privatrecht auch dort die Herrschaft der Chancengleichheit, wo agonale Elemente im „rechtsverdünnten Raum" vorzufinden sind. Dies gilt vor allem für den Arbeitskampf, der nach der Rechtsprechung des BAG vom Grundsatz der Waffengleichheit (Streik und Aussperrung) beherrscht wird, ein Grundsatz, der nicht mechanisch, sondern organisch ausgelegt werden muß[3]. Dies bedeutet, daß Waffengleichheit im Sinne einer chancengleichen Parität zu verstehen ist. Dasselbe gilt auch für die ebenfalls im „rechtsverdünnten Raum" des öffentlichen Meinungskampfes stattfindenden Pressefehden[4], die nach der Rechtsprechung des BVerfG ihre eigene Gesetzlichkeit in der Waffengleichheit und Proportionalität von Presseangriff und Pressegegenschlag haben. Ähnliches hat auch für den Berichtigungsanspruch zu gelten, der vom betroffenen Presseorgan nicht auf die Wahrheit der im Wege der Berichtigung zu veröffentlichenden Tatsachen geprüft werden darf, so daß es sich um ein Entgegnungsrecht auf dem Boden der Chancengleichheit im öffentlichen Meinungskampf handelt.

---

[2] *Böckenförde*, S. 24; Götz *Hueck*, Grundsatz der gleichmäßigen Behandlung im Privatrecht, München 1958, zusammenfassend S. 223 ff. Hueck versteht das privatrechtliche Gleichbehandlungsgebot gleichfalls nur als Willkürverbot, BGH, JZ 1959, 405 mit Anm. von Raiser. Der BGH hat in seiner Entscheidung zum Vereinsrecht (BGHZ 47, 172; 47, 381/386) die Geltung des Gleichbehandlungssatzes ausdrücklich bejaht. *Wiedemann* verwirft die Geltung des Opportunitätsprinzipes, die Annahme eines Gnadenrechts und die Parallele zum Kündigungsschutz, im Gegensatz zu Hueck/Nipperdey. (*Wiedemann*, JZ 1968, 219).

[3] Der Arbeitskampf, der als Einrichtungsgarantie verstanden wird, (*Brox/Rüthers*, Arbeitskampfrecht, Stuttgart 1965, S. 41/45 ff., 49, 119 ff.) ist immer noch von einem „Nebel ordnungsethischer Begriffe und Hinweise begleitet" (*Wallraff*, Arbeit und Recht 1966, S. 1). *Ramm*, Kampfmaßnahme und Friedenspflicht im deutschen Recht, Stuttgart 1962, S. 106, 225 f., ders., Der Arbeitskampf und die gesellschaftliche Ordnung des GG, Stuttgart 1965, S. 199 ff.; Ramm bestreitet allerdings das Vorliegen formaler Gleichheit wegen der Teilnahme des Staates an der Arbeitskampfregelung. Er lehnt auch die Vergleichbarkeit mit dem Kriegszustand ab (*Ramm*, a.a.O., S. 19). *Meisel*, BB 1966, 1027; *Richardi*, RdA 1966, 241; *Mayer-Maly*, Der Arbeitskampf — Ordnungsaufgabe und Prüfstein demokratischer Reife, RdA 1965, 134; *Reuß*, Der Arbeitskampf, ein Instrument zum Klassenkampf? RdA 1965, 133; ders., Kollektivrechtliche und (gebündelte) individualrechtliche Arbeitskampfmittel, JZ 1965, 348. *Richardi*, Kollektivgewalt und Individualwille bei der Gestaltung des Arbeitsverhältnisses, München 1968, S. 122, spricht von gleichberechtigter Partnerschaft in einer herrschaftsfreien Ordnung; vgl. auch *Promberger*, Arbeitskampf und Einzelarbeitsvertrag, München 1957.

[4] BVerfGE 7, 198; 12, 113/225; nunmehr auch unter Aufgabe der Constanze I-Entscheidung, BGHZ 3, 270, das Höllenfeuer-Urteil vom 21. 6. 1966 = NJW 1966, 1617, nachdem schon BGHZ 29, 65 und 36, 77 diese Schwenkung vorbereitet hatten.

IV. Die Entwicklung des Chancengleichheitsgedankens 53

2. Die Chancengleichheit auf der Ebene des politischen Kampfes

a) Wahlgleichheit als Chancengleichheit

Es gehört zur gefestigten, verfassungsgerichtlichen Rechtsprechung, daß die formale Struktur des Wahlgleichheitssatzes nicht nur willkürliche Differenzierungen bei den Wahlvorbereitungen[5] und beim technischen Wahlablauf[6] verbietet, sondern daß sie darüberhinaus die Gewährleistung gleicher Wettbewerbschancen für politische Parteien im Wahlkampf, aber auch bei jeder politischen Meinungsbildung fordert. Dadurch wird der Chancengleichheitssatz in seiner Geltung nicht auf die politische Stimmabgabe bei Wahlen beschränkt, vielmehr auf jede Beteiligung am ständigen Prozeß der politischen Meinungsbildung erstreckt[7].

Begründet wird die Chancengleichheit mit der Gewährleistung der Gründungsfreiheit politischer Parteien (Art. 21 Abs. 1 S. 2 GG), der Funktion und öffentlichen Struktur der Rundfunkanstalten, der Aufgabe des Rundfunks als dem für die Massenkommunikation neben der Presse wichtigsten Informationsmedium, das seiner Aufgabe in einer dem Art. 5 GG entsprechenden Weise nur gerecht werden kann, wenn sein Gesamtprogramm ein Mindestmaß an inhaltlicher Ausgewogenheit, Sachlichkeit und gegenseitiger Achtung aufweist. Zwei Einschränkungen des Chancengleichheitssatzes nimmt das Bundesverfassungsgericht jedoch vor, die für die Massenmedien von Bedeutung sind: Die Funktion der Wahl als Integrationsfaktor läßt solche Beschränkungen des formalen Chancengleichheitsgedankens zu, die wie z. B. die Sperrklausel oder Unterschriftenquoren die parlamentarische Repräsentationsfunktion zu Gunsten der Regierungsbildung einengen[8].

---
[5] BVerfGE 3, 19.
[6] BVerfGE 1, 308.
[7] Mit der Verfassungsmäßigkeit der Wahlrechtsreform unter dem Gesichtspunkt der Chancengleichheit befaßt sich der Mannheimer Vortrag von *Maunz*, Grundgesetzliche Schranken einer Wahlrechtsreform vom 2. 7. 1967. Maunz unterscheidet einen unantastbaren Kern der Chancengleichheit und Randgebiete, die der Gesetzgeber modifizieren kann. Der Ansatz wird jedoch relativiert, weil Maunz die faktische Ungleichheit aus der Einwirkung der Chancengleichheit herausnimmt. Die Zulässigkeit von Modifizierungen wird dann im einzelnen mit unterschiedlichem Ergebnis untersucht. BVerfG, NJW 1962, 1493. Zur Stimmkreisgleichheit, vgl. die Entscheidung BayVerfGHE 9, 181/215; BVerfGE 16, 130/131; BayVerfGHE 5, 125/146; BVerfGE 13, 127/129 und vor allem die Entscheidung des BayVerfGH vom 18. 8. 1966, GVBl 258/264; BVerfGE 20, 119. Das gleiche gilt auch gegenüber der kommunalen Einrichtungsgewährung (Versammlungsräume). (OVG Münster, 26. 6. 1968, DVBl 1968, 842, mit Anm. v. Jülich; Bad.-Wttbg. VGH, U. v. 10. 11. 1967, DÖV 1968, 179, ParteiG. § 5). Die Entscheidung des BVerfG vom 3. 12. 1968 (DVBl 1969, 138/142) bejaht die Verfassungsmäßigkeit des § 5 PartG, weil ein besonders wichtiger Grund (Schutz des Integrationsprozesses) die Abweichung vom Chancengleichheitsgebot rechtfertige und zudem die Festsetzung eines relativen Mindestmaßes auch den kleinen Parteien genügend Spielraum lasse.
[8] BVerfGE 3, 19 (23); 3, 383 (392); 5, 77 (83); 4, 375 (380). Anders jedoch: BVerf-

Darüberhinaus verneint das Bundesverfassungsgericht den Chancengleichheitssatz gegenüber gesellschaftlichen Mächten und damit auch gegenüber dem Massenmedium der Presse und glaubt, die Wahlwerbung dem freien Spiel der Kräfte überlassen zu können, wo die Massenmedien nicht in der öffentlichen Hand konzentriert sind[9].

b) *Parteienfinanzierung und Chancengleichheit*

Auch im Rahmen der staatlichen Parteienfinanzierung hat die Chancengleichheit einen anerkannten Platz. Schon von der grundsätzlichen Entscheidung des BVerfG[10] zur Unzulässigkeit der staatlichen Parteienfinanzierung wurde das Problem unter einem anderen Gesichtspunkt, nämlich dem der Chancengleichheit der parlamentarisch nicht vertretenen Parteien, untersucht[11]. Die neuere Rechtsprechung verschiebt demgegenüber den Schwerpunkt vom Chancengleichheitsgedanken auf einen aus der Verfassung gewonnenen Grundsatz der freien Willensbildung vom Volk zu den Staatsorganen[12]. Leitbild der freien politischen Parteien und objektive Gestalt der Verfassung ließen eine Parteienfinanzierung nur für den Wahlkampf zu. Aus diesem Grunde taucht das Problem der Chancengleichheit erst bei der Wahlkampffinanzierung auf, wofür das BVerfG, allerdings ohne Mandat, eine Reihe von Differenzierungsmöglichkeiten im Rahmen des formellen Chancengleichheitssatzes aufstellt. Liefert es nicht damit den Beweis, daß eine formalere Betrachtung des Gleichheitssatzes von Verfassung wegen durchaus mög-

---

GE 6, 273 (280); 7, 99 (107). Die Rechtsprechung wurde durch die Entscheidung des BVerfG vom 3. 10. 1968, DÖV 1969, 60 und vom 3. 12. 1968, NJW 1969, 179 fortgesetzt. Den Begriff der Chancengleichheit faßt Jülich zu eng, wenn er darunter nur das Verbot der Nichtbeeinträchtigung unterschiedlicher faktischer Ausgangspositionen versteht. Er beruft sich hierbei auf BVerfGE 8, 51/67; 14, 121/134 und 20, 56 (100, 118), und bestreitet nicht nur die Pflicht, sondern auch die Befugnis des Gesetzgebers zur Herstellung der liberté en fait. *Jülich,* Chancengleichheit der Parteien, Berlin 1967, S. 95/96. Im anglo-amerikanischen und im französischen Rechtskreis ist dagegen die liberté en fait duraus legitimer Regelungsgegenstand des Gesetzgebers (*Zimmermann,* E., Die Preisdiskriminierung im Recht der Europäischen Gemeinschaft für Kohle und Stahl, Frankfurt 1962, S. 29, insbesondere S. 44: liberté en fait — un résultat qui établisse l'équilibre entre les situations différentes).

[9] BVerfGE 8, 51; NJW 1962, 1493.
[10] BVerfGE 20, 56; 20, 119; 20, 132; *Rauschning,* JZ 1967, 346.
[11] BVerfGE 18, 34; 18, 151. Im Gegensatz zu BVerfGE 11, 306, wo das Wahlgesetz selbst und die gesamte Wahl Gegenstand der Entscheidung war, befaßte sich BVerfGE 12, 276 mit dem Antrag auf Aussetzung der Wahl im Wege der einstweiligen Anordnung. Hier kam es dem Gericht auf eine Interessenabwägung an.
[12] Kritisch zur Methode der E. *Rauschning,* a.a.O., S. 346, der sich auch auf Lerches Einwand (DVBl 1961, 699) gegen den Umschlag von Blanketten ohne Würze von Zwischenfiguren und auf Schnurs Angriff (VVdStRL 1966, 127) beruft.

IV. Die Entwicklung des Chancengleichheitsgedankens

lich, vom Sozial- und Parteienstaatsprinzip ja sogar geboten und mit den praktischen Differenzierungsmöglichkeiten vereinbar sein kann?

Die Differenzierungsmöglichkeiten gegenüber dem Grundsatz der Chancengleichheit im politischen Willensbildungsprozeß beschränkt das BVerfG neuerdings wieder, indem es das Vorliegen eines besonders wichtigen Grundes verlangt. Die Herabsetzung des Mindeststimmenanteils auf 0,5 % ist im Grunde gar nicht Ausdruck einer weiteren oder engeren Differenzierungsmöglichkeit, sondern Ausfluß des Mißbrauchs, der auch nicht durch Chancengleichheit gerechtfertigt werden kann. In einem gewissen Spannungsverhältnis hierzu steht die großzügige Auffassung des Gerichts zur abgestuften und differenzierten Chancengleichheit im Rahmen von Sach- oder Dienstleistungen nach § 5 Parteiengesetz[13].

3. Einwände gegen die Chancengleichheit

a) Rechtsphilosophische Bedenken

Den rechtsphilosophischen und rechtssoziologischen Einwänden gegen die Chancengleichheit soll nicht ausgewichen werden:

aa) Kant bezeichnet die Ungleichheit unter den Menschen „als reiche Quelle so vieles Bösen, aber auch alles Guten"[14]. Zum gleichen Ergebnis kommen Vertreter der modernen Soziologie, wie z. B. Dahrendorf, der aus dem Begriff der Gesellschaft als einer moralischen Institution in Verbindung mit gesellschaftlichen und rechtlichen Normen und Sanktionen und der Institution der Herrschaft zur Notwendigkeit der Ungleichheit unter den Menschen gelangt. „Da nun aber menschliche Gesellschaft ohne Ungleichheit realistisch nicht möglich, die Überwindung der Ungleichheit also ausgeschlossen ist, folgt auch aus der immanenten Explosivität jedes Systems sozialer Schichtung, daß es eine ideale, vollkommen gerechte und daher geschichtslose menschliche Gesellschaft nicht geben kann[15]."

---

[13] BVerfGE 3. 12. 1968 (DVBl 1969, 138/140). Zur Rechtslage nach dem neueren Parteiengesetz, vgl. *Konow*, DÖV 1968, 73 (75/76); *Groß*, ebd., 80 (82 f.); *Merle*, ebd., 84 (87); *Scheuner*, ebd., 88 (92), letzterer äußert keine Bedenken gegen die Abschlagszahlungen (93). Zum früheren Schrifttum, vgl. *Kewenig*, DÖV 1964, 829; *Bethge*, Die Parteienfinanzierung in den Gemeinden, StT 1966, 628; *Häberle*, Unmittelbare staatliche Parteienfinanzierung unter dem GG, JUS 1967, 64; *Menzel*, Staatliche Parteienfinanzierung und moderner Parteienstaat, DÖV 1966, 585; *Mussgnug*, Die staatliche Finanzierung von Wahlkämpfen, NJW 1966, 1686; *Plate*, Parteienfinanzierung und Grundgesetz, Berlin 1966, S. 33 ff., der in der Offenlegungspflicht den Abbau eines Privilegs zugunsten ausnahmsloser Chancengleichheit erblickt (S. 39/41).

[14] *Kant*, Mutmaßlicher Anfang der Menschengeschichte, 1786, Sämtliche Werke, hrsg. v. G. Hartenstein, Leipzig 1867, Bd. IV, S. 325.

[15] *Dahrendorf*, Über den Ursprung der Ungleichheit unter den Menschen, Tübingen 1961, S. 32.

bb) Die Soziologie kennt vier Kategorien der Ungleichheit: „Erstens die natürliche Verschiedenartigkeit des Aussehens, des Charakters usw., zweitens die natürliche Verschiedenwertigkeit der Intelligenz, der Talente und Kräfte usw. in bezug auf die Gesellschaft, drittens die soziale Differenzierung prinzipiell gleichwertiger Positionen und viertens die soziale Schichtung nach Ansehen und Reichtum als Rangordnung des sozialen Status[16]." Während das 18. Jahrhundert die Ungleichheit durch das Privateigentum, das 19. Jahrhundert durch die Arbeitsteilung und das 20. durch die Funktion erklären wollte, sieht Dahrendorf die Ursache der Ungleichheit in der Fähigkeit und im Willen. Sieht man den Ursprung der Ungleichheit in der Normativität der Gesellschaft, so kommt man zu der frappierenden Schlußfolgerung: „Wenn wir jedoch das Recht einmal in seiner weitesten Bedeutung nehmen und als Inbegriff sämtlicher, auch der nicht kodifizierten Normen und Sanktionen fassen, dann könnte man sagen, daß das Recht die notwendige und die zureichende Bedingung der Ungleichheit in der Gesellschaft ist[17]."

cc) Von dieser Überlegung her wird die Möglichkeit der Schaffung eines dem Gleichheitssatz entsprechenden Rechtszustandes zur Aporie, weil gerade das Instrument der Gleichheitsgewährung notwendige Bedingung der Ungleichheit ist. Der Einwand, daß es sich hier um eine quaternio terminorum handle, würde das Problem nicht richtig erkennen. Als Aufgabe des Gesetzgebers müßte vielmehr die fortwährende Vernichtung oder Umschaffung des Rechts angesehen werden, um den durch den ersten Rechtsetzungsakt als proton pseudos geschaffenen Zustand aufzuheben. Die moderne Gesetzgebungspraxis (Rentenanpassungen, Härteklauseln, Maßnahmengesetze) deutet tatsächlich in diese Richtung.

Darüber hinaus ließe sich aber ein neuer Ansatzpunkt für den Begriff des ungleich wirkenden Gesetzes finden, wenn man davon absieht, daß die bestehende Rechtsordnung ja selbst schon Bedingung der Ungleichheit ist. Eine zusätzliche und für den Juristen relevante Ungleichheit wäre dann jede Abweichung von der dem Gesetzgeber bindenden Verfassung als der richtunggebenden Norm. Damit wäre das Willkürverbot nicht aufgehoben, aber zur Rechtfertigung des abweichenden Gesetzes würde nicht schon die Natur der Sache oder ein sonst einleuchtender Grund genügen, vielmehr müßten diese Gründe ihren Sitz in der Verfassung selbst haben oder nachgewiesen werden können. Dies würde bedeuten eine Hineinnahme der materiellen Prinzipien in Art. 3 Abs. 1 GG. Diese Überlegungen sind hier aber nur eine Andeutung und bedürften weiterer Nachprüfung. Selbst Dahrendorf hält mit seinem Begriff der Ungleichheit die Aufgabe der Schaffung von Rechtsgleichheit und Chancen-

---
[16] *Dahrendorf*, a.a.O., S. 6/7.
[17] *Dahrendorf*, a.a.O., S. 22.

gleichheit für vereinbar. „Wenn es richtig ist, daß die Ungleichheit unter den Menschen aus dem Begriff der Gesellschaft als moralischer Gesellschaft folgt, dann kann es in der Welt unserer Erfahrung eine Gesellschaft völlig Gleicher nicht geben. Natürlich ist Gleichheit vor dem Gesetz und gleiches Wahlrecht, sind gleiche Erziehungschancen und andere konkrete Gleichheiten möglich und auch wirklich[18]."

b) Der weite Ermessensspielraum bei darreichender Verwaltung

Einen besonders weiten Spielraum will das Bundesverfassungsgericht dem Gesetzgeber zubilligen, wenn es nicht um Eingriffe in die Individualsphäre geht, sondern um (freiwillige) Darreichungen. Das Gericht hat diese These freilich nie begründet. Sie ist auch entbehrlich und sogar irreführend. Zwar bewegt sich der Gesetzgeber im Bereich der Eingriffsverwaltung in engeren verfassungsrechtlichen Grenzen als bei der freiwilligen Gewährung von Darreichungen. Dieser geringere Grad von Gebundensein bezieht sich aber niemals auf den allgemeinen Gleichheitssatz, sondern auf andere Verfassungsvorschriften. So mag etwa die Gewährung von Kriegsgefangenenentschädigung in der Tat freiwillig sein, weil eine Rechtspflicht dazu den Art. 1 und 20 GG nicht entnommen werden kann. Das Willkürverbot des Art. 3 I GG bleibt dadurch jedoch unberührt. Denn es ist kaum anzunehmen, daß das Bundesverfassungsgericht dem Gesetzgeber erlauben will, auf dem Gebiet der darreichenden Verwaltung „ein bißchen Willkür zu üben"[19].

Es ist notwendig, daß Gesetzgebung und Rechtsprechung den allgemeinen Gleichheitssatz auch im Gebiet der darreichenden Verwaltung im Raume agonaler Strukturen oder sozialer Verdichtungen zum Chancengleichheitsgebot umwandeln.

c) Der Vorwurf der mangelnden Justiziabilität

Gegen die Anwendung des Chancengleichheitsgedankens — im Hinblick auf die Parteiensubventionierung — bringt v. Münch die Meinung zum Ausdruck, daß die Verletzung der Chancengleichheit kaum justiabel sei. „Der Zusammenhang zwischen Subventionsgewährung und Chancengleichheit erweist sich insgesamt als eine rechtlichen Erwägungen kaum zugängliche, jedenfalls nicht judifizierbare Frage des guten parlamentarischen Stiles. Für den extremen Fall einer klar erkennbar wirtschaftlich völlig unsinnigen, allein aus dem wahltaktischen Motiv des Stimmenfangs erfolgenden Subventionierung bestimmter Wirt-

---

[18] *Dahrendorf*, a.a.O., S. 30.
[19] *Fuß*, JZ 1962, 600.

schaftszweige bleibt somit rechtlich nur die Möglichkeit, daß in vergleichbarer Lage befindliche Wirtschaftszweige eine Verletzung des Gleichheitssatzes rügen; faktisch wäre zu hoffen, daß die öffentliche Meinung sich gegen einen solchen undemokratischen Vorgang wenden würde[20]." Der Vorwurf der mangelnden Justitiabilität muß aber mit gleicher Berechtigung gegenüber dem Willkürverbot erhoben werden, auch wenn man dieses in der Gestalt eines Verbots der objektiven Unangemessenheit[21] zur Anwendung bringt. Das Bundesverfassungsgericht hält es nicht für seine Aufgabe, vorwiegend wirtschafts-verwaltungsrechtliche Fragen mit umfangreicher Beweisaufnahme über rechtstechnische Einzelregelungen zu klären. Die Unrichtigkeit einer wirtschaftlichen Prognose und die damit notwendig werdenden gesetzgeberischen Maßnahmen lassen nach Meinung des Gerichts nicht auf Willkür schließen[22].

---

[20] *von Münch*, AöR n. F. 46, 278.
[21] *Rinck*, JÖR, 10, 271 ff.
[22] BVerfG E. v. 27. 1. 1965, Bd. 18, 315 (332).

V. Verwaltung und Chancengleichheit

1. Legislatives und administratives Ermessen

Das Gleichheitsgebot bindet neben der Gesetzgebung auch Rechtsprechung und Verwaltung, ohne daß von der Verfassung her zu erkennen ist, ob die Bindung aller 3 Gewalten gleich intensiv ist. Auf den ersten Blick hin möchte man auch vermuten, daß der Gleichheitssatz — welche Interpretation man auch ihm immer gewähren will — wie auch alle anderen Grundrechte oder Grundsatznormen alle 3 Gewalten gleichmäßig bindet[1]. Jedoch zwingt Art. I Abs. 3 GG keineswegs zu dieser formalen Interpretation der Bindungswirkung. Es ist zwar offenkundig, daß die Interpretation der Grundrechte und ihre Bindungswirkung von dem Gesichtspunkt der Beschränkung der Legislative durch die Grundrechte ausgeht. Dies mag vor allem daran liegen, daß gewichtsmäßig die Normenkontrolle[2] eine überragende Bedeutung gewonnen hat, und daß Grundrechtsverletzungen des Gesetzgebers viel weitreichendere Folgen haben, als solche der Verwaltung im Einzelfall. Die Ausrichtung der Interpretation der Grundrechte auf die Legislativgewalt muß dann zwangsläufig dazu führen, daß die Grundrechte, insbesondere der Gleichheitssatz, interpretativ aufgelöst werden, um den gesetzgeberischen Spielraum durch die Rechtsprechungsgewalt nicht unverhältnismäßig einzuengen. Mit einem so interpretativ eingeschränkten Grundrechtsbild kann man die Bindung der Verwaltung nicht mehr sachgerecht bewerkstelligen[3]. Der Spielraum der Verwaltung im Rahmen der unbestimmten Rechts- und Gesetzesbegriffe, der sogenannten Begriffshöfe, Begriffs-

---

[1] Vgl. *Maunz/Dürig*, RdNr. 100/101, 105/106 zu Art. 1 Abs. III GG. Dürig hebt allerdings mit Recht die Bedrohung der parlamentarischen Willensfreiheit hervor, die durch den Gleichheitssatz gegeben sein könnte. Das Lob, das er hier dem BVerfG zollt, kommt doch einer Zweispurigkeit der Bindungswirkung über Gesetzgebung und Verwaltung gleich. *Schaumann*, JZ 1966, 721.

[2] *Babel*, Probleme der abstrakten Normenkontrolle, Berlin 1965. Auch für die konkrete Normenkontrolle nach Art. 100 Abs. 1 GG gilt das gleiche. Vgl. *Groß*, DRiZ 1965, 363.

[3] *Leibholz*, Die Gleichheit vor dem Gesetz, Berlin 1959, S. 88. Es hätte dann Art. 1 Abs. III GG für die Verwaltung nicht nur nichts neues bedeutet, es bestünde keine „unmittelbare Verfassungsmäßigkeit der Verwaltung" (*Maunz/ Dürig*, RdNr. 106 zu Art. 1 Abs. III GG), sondern die Verwaltung wäre nur durch das Gesetz und den Verwaltungszweck gebunden. Daß es mit dem Wesen eines Rechtsstaates unvereinbar wäre, wenn sich diese in rein „willkürlichen Bahnen bewegen" dürfte, ist ein alter Lehrsatz rechtsstaatlichen Verwaltungsrechts (*Schmedding*, Staatslexikon, Freiburg 1912, Sp. 845).

felder⁴, oder wie man auch immer die auf der Tatbestandsseite liegenden generalklauselartigen Ermächtigungen bezeichnen mag, ist dem Gesetzgeber unbekannt[5].

Er nimmt nur Kompetenzen wahr, ohne daß er an unbestimmte Rechtsbegriffe ermächtigungsmäßig gebunden wäre. Seine Bindung ist nur eine ermessensmäßige im Rahmen der Vielzahl gesetzgeberischer Handlungsmöglichkeiten. Verwandt ist diese Art gesetzgeberischen Ermessens mit dem verwaltungsrechtlichen Handlungsermessen — Rechtsfolge — Entschließungs- oder Auswahlermessen nur dort, wo es sich um warhaft frei gestaltendes Ermessen handelt[6]. Denn schon im Bereich der ermessensfreien Verwaltung — gekennzeichnet durch „kann" oder „soll"-Prädikate der Satzaussage — liegen die Dinge anders, weil hier die Verwaltung typische Fälle auf Grund der Soll-Vorschrift ohne Ermessensspielraum gleich regeln muß, oder im Rahmen der Kann-Vorschriften auf Grund vorangegangenen Tuns und dadurch eingetretener Selbstbindung[7] nicht mehr unbeschränkt vom eingeschlagenen Weg abweichen kann. Hier zeigt sich, daß die Bindung der Verwaltung gerade in den Bereichen, die außerhalb der frei gestaltenden Verwaltung liegen und den Bürger weit stärker betreffen, als jene eingriffsfreie, gestaltende Verwaltung, vorwiegend vom Gesetz selbst vorgenommen wird, so daß der Bindung an die Grundrechte, insbesondere an den Gleichheitssatz, nur sekundäre Bedeutung zukommen könnte. Dies gilt um so mehr, wenn man der herrschenden Meinung folgt und im Gleichheitssatz nichts anderes als das Verbot unsachlicher oder willkürlicher Entscheidungen erblickt. Hier würde sich der durch Interpretation der gesetzgeberischen Bindung gewonnene Grundrechtsinhalt in vollkommene Deckung bringen lassen mit überkommenen und altbewährten Prinzipien der Verwaltung, die herkömmlich als Verbot des Ermessensmißbrauchs[8] gekennzeichnet werden.

---

[4] *Jesch*, Unbestimmter Rechtsbegriff und Ermessen in rechtstheoretischer und verfassungsrechtlicher Sicht, AöR 82, 163 ff.

[5] Die von Lerche herausgearbeiteten Verfassungsaufträge: Programmsätze, Verfassungsbefehle, Aufträge zur Verfassungsfortbildung, ändern daran nichts (*Lerche*, AöR 90, 341).

[6] *Forsthoff*, a.a.O., S. 86 f.; *Wolff*, Verwaltungsrecht, I, § 31 I/II.

[7] Vgl. OVG Münster. E 4, 9 und 9, 181; Bad.-Wttbg. VGH: Rspr. 1, 74; 9, 471; OVG Hamburg, VerwRspr. 2, 344 ff. *Wolff*, a.a.O., § 31/II.

[8] *Eyermann/Fröhler*, 4. Aufl. RdNr. 22 u. 25 zu § 114 VwGO; *Ule*, Anm. 1 zu § 114 VwGO; *Koehler*, Anm. A II 3 zu 114 VwGO; *Wolff*, Verw.Recht I, § 31 II 2; *Forsthoff*, Verw.Recht, § 5, 1 (S. 79 ff.); *Bachof*, Gedenkschrift, S. 226. Unter dem Begriff der „eccesso di potere" faßt man im italienischen Verwaltungsrecht folgende Verletzungsarten zusammen: a) Sviamento di potere, b) errore di fatto, c) travisamento di fatti, d) illogicitá del provvedimento, e) contraddizione con provvedimento precedenti. (*Lessona*, Introduzio al Diritto Amministrativo e sue strutture fondamentali, Bologna 1960, S. 87). Vgl. auch den „recours en excès de pouvoir" im französischen Verwaltungsrecht: *Laubadère*, Manuel de

V. Verwaltung und Chancengleichheit

Es bedürfte keiner grundrechtlichen Bindung der Verwaltung, um willkürliche — ermessensverwirrende, ermessensverkehrende, ermessensabweichende — Verwaltungsakte[9] als rechtswidrig zu kennzeichnen. Es drängt sich deshalb die Frage auf, ob der Gleichheitssatz, abgesehen von seinen verfassungsrechtlichen Konkretisierungen in Art. 3 Abs. 2 und 3; 6 Abs. 5; 33 Abs. 1 und 2; und abgesehen von seinen gesetzgeberischen Umformungen, ein unmittelbares Gebot gegenüber der Verwaltung zu formaler Gleichheit entfaltet.

Die bekannte Entwicklung, das Rechtsfolgeermessen weitgehend durch Anspruchssysteme zu ersetzen, kommt, wenn auch von einer anderen Seite, dem Anliegen formaler Gleichheit entgegen, da aus der Ermessensbetätigung Rechtsanwendung wird, die unter dem Postulat formaler Gleichheit steht. Diesem Ergebnis arbeitet aber die Rechtsprechung mit dem Instrument des Willkürverbots entgegen. Dabei unterlaufen zwei schwerwiegende Fehler. Der erste stellt sich dar als die Verwechslung von Kontroll- und Funktionsnorm, der zweite als Übertragung des Kontrollnormendenkens gegenüber dem Gesetzgeber auf die Verwaltung. Dabei kann offen bleiben, ob die Funktionsnorm gegenüber dem Gesetzgeber und gegenüber der Verwaltung in gleicher Weise wirkt. Es kann auf keinen Fall zu einer sinnvollen Interpretation des Gleichheitssatzes führen, wenn man die aus der Kontrollnorm — noch dazu gegenüber der Legislative — gewonnenen Ergebnisse auf die Rechtsanwendung durch die Verwaltung, also auf den Gleichheitssatz in seiner funktionalnormativen Eigenschaft überträgt. Dies sieht dann häufig so aus, daß der rechtsstaatliche Fortschritt, der durch Gewährung von Rechtsansprüchen erzielt wurde, durch die Anwendung des Willkürverbotsschemas im Rahmen der Rechtsanwendungsgleichheit wieder aufgehoben wird. Das aufgehobene Handlungsermessen wird im Grunde genommen nur durch ein anderes Ermessen, nämlich das Beurteilungsermessen, im Rahmen der Willkürprüfung, als der Suche nach dem sachlich einleuchtenden Grunde, ersetzt. Damit wäre für die Verwaltung kein Fortschritt erzielt, vielmehr nur eine Bewegung im Kreise getan[9a].

---

droit administratif, Paris 1947, S. 96 ff. Vgl. auch die verwandten Begriffe des spanischen Verwaltungsrechts „deviación de poder" und „ejercicio de potestades administrativas", sowie „torcida interpretación" und „ausencia de los Supuestos". (*Rovo-Villanova*, Elementos de Derecho Administrativo, Valladolid 1960, I, S. 120.)

[9] Der Verfasser folgt hier der Terminologie bei H. J. *Wolff*, a.a.O., § 31 II.

[9a] Ob die Entscheidung des BVerfGE 20, 150, wie *Rupp*, NJW 1966, 2037, meint, zu einer neuen Ermessenslehre Anlaß gibt, ist unseres Erachtens zu bejahen. Zu den Divergenzen vgl. auch *Menger/Erichsen*, VerwArch. Bd. 58, S. 279/283. Zur Verwechslung von Funktions- und Kontrollnorm vgl. *Böckenförde*, Der allgemeine Gleichheitssatz, a.a.O., S. 38 ff.; *Hesse*, Grundzüge, a.a.O., S. 166; ein interessantes Beispiel hierfür ist auch die unterschiedliche Interpretation des Äquivalenzprinzipes als Verbot eines Mißverhältnisses (BVerfG, BB 1967, 6) und Gebot eines angemessenen Verhältnisses zwischen Gebühr und der besonderen Leistung (BVerwGE 12, 162/166; BVerwG, DVBl 1967, S. 577).

2. Geschichtliche Entwicklungslinien

Eine solche Konkretisierung des allgemeinen Gleichheitssatzes zu einem spezifizierten Gleichheitsgebot könnte in der Entwicklung des Grundsatzes der Chancengleichheit liegen. Das Gleichheitsgebot hat in seiner geschichtlichen Entwicklung verschiedene Stufen durchlaufen. Es trat zunächst bereits vor der französischen Revolution[10] als Paritätsgrundsatz[11] in den ständischen Verfassungen auf und gewann in der Schlichtung der Religionskämpfe als „exacta mutuaque aequalitas"[12] überragende Bedeutung in der Religionsverfassung des Reiches. Auch in der Gestalt der revolutionären Freiheits- und Gleichheitsrechte zeigt der Gleichheitssatz egalitäre Züge, wenn er die Gleichheit aller subjektiv-öffentlichen Rechte beinhaltete. Beiden geschichtlichen Erscheinungsformen ist gemeinsam, daß es sich um ein Gleichheitsstreben zwischen numerisch begrenzten Gruppen handelte. Die durch den westfälischen Frieden anerkannten Religionsparteien waren nicht mehr als drei und der soziale und historische Hintergrund der Menschenrechtserklärung vom 26. 8. 1789 wurde durch die drei Klassen des ancien régime geprägt[13].

Unter solchen Voraussetzungen würde die Anwendung religiöser oder sozialer Gleichheit im Sinne eines Ausschlusses unsachlicher Willkür den konkreten Forderungen nicht gerecht werden. Gleichsam unter der Herrschaft der kleinen Zahl formt sich die Gleichheitsidee um in konkrete und formale Gleichheit, in numerische Gleichheit oder Gleichheit der Chance. Auch die Gleichheitsforderung der Frankfurter Nationalversammlung ist noch durchaus von der Idee der Parität zwischen den Konfessionen und der Gleichberechtigung zwischen Bürgertum und Adel beherrscht[14]. In ähnlicher Weise wird der Gleichheitssatz behandelt

---

[10] *Léon de Poncis* sieht in der Forderung nach Gleichheit das Verlangen nach „suppression des privilèges". (Zit. nach *Rees*, Die außerparlamentarische Entstehungsgeschichte der Menschenrechte von 1789, Bonn 1910, S. 109. — *Aubry* betont vor allem die Tendenz zur Nivellierung; *Aubry*, Die französische Revolution, Zürich 1948, Bd. I, S. 121/129.)

[11] *Maunz*, Toleranz und Parität im deutschen Staatsrecht, München 1953. *Zippelius*, BK, RdNr. 19 zu Art. 4 GG.

[12] Instrumentum pacis o. Art. V § 1, *Mirbt*, Quellen zur Geschichte des Papsttums und des römischen Katholizismus, 3. Aufl., Tübingen 1911, 291, 430, 21. Interpretiert wird diese Gleichheit folgendermaßen: „ita ut quod uni parti iustum est, alteri quoque sit iustum".

[13] Zur noch ungelösten Streitfrage, ob die Rousseau'sche Gleichheitsidee oder die nordamerikanische Gewissensfreiheit Ausgangspunkt der Menschenrechtserklärung war, vgl. *Jellinek*, Die Erklärung der Menschen- und Bürgerrechte, 4. Aufl. 1927, sowie die von *Schnur* gesammelten Beiträge hierzu: Zur Geschichte der Erklärung der Menschenrechte, Darmstadt 1964.

[14] § 137 des Frankfurter Grundrechtskatalogs von 1849 sieht in Abs. 1 die Abschaffung der Adelsvorrechte, in Abs. 3 die Gleichheit aller vor dem Gesetz, in Abs. 4 die Abschaffung aller Titel, in Abs. 6 den gleichen Zugang zu den öffentlichen Ämtern, in Abs. 7 die gleiche Wehrpflicht vor.

V. Verwaltung und Chancengleichheit

in der Verfassung von Sachsen-Coburg-Gotha[15], Preußen[16], Oldenburg[17], Reuß ältere Linie[18], Bremen[19]. Die Verdichtung der Gleichheitsidee zur Parität und formalen Gleichheit vollzieht sich also offenbar immer nur unter der Herrschaft der kleinen Zahl, oder, um einen modernen Ausdruck zu verwenden, zwischen Oligopolen[20]. Dabei kann die Verdichtung zur formalen Gleichheit und zum numerischen Proporz Paritätsformen zwischen gesellschaftlichen Gruppen annehmen, oder sich in unmittelbar individuelle Rechte verfestigen. Im Rahmen der religiösen Gleichheit finden wir überwiegend den numerischen Proporz zwischen den Religionsparteien und als Abspaltung hiervon das individuelle subjektive öffentliche Recht auf den gleichen Genuß aller bürgerlichen und öffentlichen Rechte unabhängig vom Bekenntnis, sowie den gleichen Zugang zu den öffentlichen Ämtern[21].

Auch bei diesen letzten subjektiven Umformungen der Gleichheitsidee handelt es sich um formale Chancengleichheit, verwandt den Bestimmungen in Art. 3 Abs. 2 und 3 und Art. 33 Abs. 3 GG.

---

[15] 1852, § 30. *Eckhardt*, E., Die Grundrechte vom Wiener Kongreß bis zur Gegenwart, Breslau 1913, VI, S. 161 ff., in: Abh. aus dem Staats- und Verwaltungsrecht.

[16] 1850, Art. 4. *Eckhardt*, E., a.a.O., S. 161 ff.; *Arndt*, Preuß. Verfassungsurkunde, Berlin 1904, Anm. 1 und 2 zu Art. 4. Vgl. auch das Eheverbot im ALR, Teil II, Tit. 1, §§ 30—33.

[17] 1852, Art. 31 § 1, *Eckhardt*, a.a.O., S. 161 ff.

[18] 1867, § 24; *Eckhardt*, a.a.O., S. 161 ff.

[19] 1854, § 17 Abs. 1 und 2, *Eckhardt*, a.a.O., S. 161 ff.

[20] Die Lösungsversuche durch Verdrängung, Preisstarrheit, Preisführerschaft oder „Collusion" interessieren hier nicht. (*Stackelberg*, Marktformen und Gleichgewicht, Wien 1934; *Neumann/Morgenstern*, Theory of Games and Economic Behavior, Princeton 1947, 2. Aufl.; *Richter*, Das Konkurrenzproblem im Oligopol, Berlin 1954; *Rose*, Staatslexikon, VI 1961, Sp. 1.) Daß die Montanunion gemäß Art. 4 Abs. 2 MV in besonderem Maße unter der Herrschaft der kleinen Zahlen steht, bedarf keiner Erörterung und unterstreicht die Bedeutung der Chancengleichheit als egalitäre oder wertende Gleichheit für Gesetzgebung und Verwaltung. Der Unterschied zwischen egalitärer und wertender Gleichheit läßt sich gut am Beispiel der nordamerikanischen Antitrust Laws und am deutschen Gesetz gegen Wettbewerbsbeschränkungen vom 27. 7. 1957 (BGBl I, 1081) darstellen. (*Loerke*, Hoheitl. Gewalt u. Diskriminierungsverbot nach dem Montanvertrage, Hamburg 1964, S. 27, 35, 57. *Zimmermann*, E., Die Preisdiskriminierung im Recht der Europäischen Gemeinschaft für Kohle und Stahl, 1962, S. 261 ff. *Mestmäcker*, Das Diskriminierungsverbot des Vertrages über die Europäische Gemeinschaft für Kohle und Stahl, in: Kartelle und Monopole im modernen Recht, Bd. 1, S. 309 ff. *Böhm*, Franz, ebd., S. 17 betont die Zerstörung der Privatrechtsordnung durch die Monopolisierung; *Kronstein*, ebd., S. 111/117 zieht die Parallele zum Erbrecht, das durch gleiche Erbquoten den später Hinzutretenden gleichberechtigt, dem bereits Vorhandenen aber nur eine Chance verringert.

[21] Die herrschende Meinung läßt unzutreffender Weise nur ein Recht — aber damit auch ein leerlaufendes — auf gleiche Bewertung zu. Richtig dagegen *Maunz/Dürig*, RdNr. 16 zu Art. 33 GG.

3. Die Bedeutung einer formalen Gleichheit für die moderne Verwaltung

a) Das Fehlen einer dogmatischen Rechtfertigung

Es fehlt bisher noch an jeder dogmatischen Erklärung, warum außerhalb der vom Grundgesetz normierten formalen Gleichheitspostulate (Art. 3 Abs. 2 und 3, Art. 33 Abs. 3 GG) der allgemeine Gleichheitssatz — allgemein verstanden als Willkürverbot — sich zur formalen Gleichheit kontrahiert, wenn es sich um die gleichen Rechte, Rechtspositionen und Chancen im Rahmen der politischen Parteien oder der Arbeitgeber und Arbeitnehmer handelt. Das Problem der Arbeitskampfparität[22] der am Wirtschaftsleben teilnehmenden Gruppen soll hier unberücksichtigt bleiben, obwohl es offenbar auch um eine Verfestigung des allgemeinen Gleichheitssatzes unter der Herrschaft der kleinen Zahl, der Arbeitgeber- und Arbeitnehmerverbände geht.

In seiner Entscheidung vom 19. 7. 1966[23] bekennt sich das BVerfG wiederum nachdrücklich zum Grundsatz der Chancengleichheit bei der Zuwendung öffentlicher Mittel zur Finanzierung von Wahlkämpfen. Das Gericht beruft sich auf diesen Rechtsgrundsatz, ohne an dieser Stelle die auch in früheren Entscheidungen fehlende dogmatische Begründung nachzuliefern. Warum soll der allgemeine Gleichheitssatz gegenüber Vereinigungen oder Versammlungen, die von Art. 8 und 9 GG geschützt werden, nur als Willkürverbot Geltung haben, während er gegenüber politischen Parteien in seiner streng formalen Gestalt der Chancengleichheit anzuwenden ist[24]? Dieses Ergebnis kann auch nicht mit Art. 3 Abs. 3 GG gerechtfertigt werden, weil die Versagung eines finanziellen Zuschusses zur Bestreitung des Wahlkampfes einer nicht im Parlament vertretenen Partei nicht aus Gründen der Diskriminierung einer bestimmten Überzeugung, Rasse oder Religion erfolgt, sondern ihren sachlichen Grund in der Erhaltung der Funktionsfähigkeit hat. In gewissem Umfang läßt das Gericht im Rahmen des formalen Gleichheitsgebotes sachlich begründete, also nicht willkürliche Differenzierungen zwischen solchen Parteien zu, die bereits in der Legislative vertreten sind, und jenen, die zum ersten Male kandidieren.

Hier kehrt sich das Verhältnis von Art. 3/I zu seinen Spezialisierungen in 3/II und 3/III geradezu um. Auszugehen ist von der streng formalen Chancengleichheit, die aus gewissen sachlichen Gründen im Sinne eines Willkürverbotes modifiziert werden kann. Damit ist aber keineswegs

---

[22] *Ramm*, JZ 1967, 71; zum politischen Kampf: OLG Hamburg, NJW 1967, 159.
[23] BVerfG, DÖV 1966, 563; sowie die E vom 3. 12. 1968, DVBl 1969, 138.
[24] BVerfGE 14, 121; die Entscheidung vom 3. 12. 1968, DVBl 1969, 130 (140/141) begründet die Chancengleichheit der Parteien über die Wahlrechtsgleichheit des Art. 38 GG.

V. Verwaltung und Chancengleichheit

die dogmatische Rechtfertigung für die Verschiedenheit der Interpretation des Gleichheitssatzes gegeben.

b) Die Bedeutung des Gleichheitsgebotes für die Verwaltung

Um sich die Bedeutung des Gleichheitssatzes für die Verwaltung klar zu machen, bedarf es einer Vorabklärung ihres eigenen Wesens. Noch vor einem halben Jahrhundert schien der Begriff der Verwaltung unproblematisch und wurde von der Gesetzgebung dadurch unterschieden, daß sie nicht den Erlaß allgemeiner Vorschriften, sondern die Erledigung konkreter Angelegenheiten bezwecke[25]. Der Unterschied der Verwaltung zur Rechtspflege wurde darin erblickt, daß sie sich nicht auf die Aufrechterhaltung der Rechtsordnung, sondern auf die Wahrnehmung von Interessen erstrecke. Die Natur dieser Interessen bestimmte den Verwaltungsbegriff im materiellen Sinne, worunter man diejenige staatliche Tätigkeit verstand, welche den Staats- und Volksinteressen zu dienen bestimmt war[26].

Die auf v. Stahl[27] zurückgehende Abgrenzung von Rechtsprechung und Verwaltung, wonach das Recht im ersteren Falle Selbstzweck, im letzteren nur Grenze von Verwaltungsaktivitäten ist, wird heute nicht mehr gebilligt[28], da ja auch für die Verwaltung die Aussage von Art. 1 Abs. 2 GG maßgebend ist, wonach die Menschenrechte als Grundlage jeder Gemeinschaft die Verwaltung nicht nur binden, sondern auch materiell be-

---

[25] Josef *Pötzl* sieht den Begriff der Verwaltung gekennzeichnet durch die vom Staatsoberhaupt ausgehende und geleitete Tätigkeit, welche den Staatszweck im Leben zu verwirklichen bestimmt ist. (Lehrbuch des Verwaltungsrechts, München 1858, 2. Aufl., S. 1.) Nach Wilhelm *Krais* ist innere Verwaltung derjenige Teil der Staatsverwaltung, welcher sich insbesondere die Förderung der Wohlfahrt des Staates, der bürgerlichen Gesellschaft und des einzelnen sowohl durch direkte Pflege als durch Beseitigung der dem Gedeihen entgegenstehenden Hindernisse zur Aufgabe macht. (Handbuch der inneren Verwaltung, Würzburg 1875, S. 1.) Nach O. v. *Sarvey* ist der Begriff dadurch gekennzeichnet, daß er diejenige Tätigkeit umfaßt, welche auf die Erfüllung der Aufgaben des Gemeinwesens und die Befriedigung seiner Bedürfnisse und auf die Erreichung dieses Zweckes durch einen, in der Erscheinung der äußeren Welt, bewirkten und erkennbaren Erfolg, oder kurz auf die Verwirklichung der öffentlichen Interessen gerichtet ist. (Handbuch des öffentlichen Rechts der Gegenwart, hrsg. v. H. Marquardsen, Freiburg i. Br. 1887, Bd. 1, Halbbd. II, 1884, S. 5.) Nach Lorenz v. *Stein* ist die Verwaltung dasjenige Gebiet des organischen Staatslebens, in welchem der Wille des persönlichen Staats durch die Tat der dazu bestimmten Organe in den natürlichen und persönlichen Lebenselementen des Staates verwirklicht wird. (Handbuch der Verwaltungslehre und des Verwaltungsrechts, Stuttgart 1870, S. 7.)

[26] *Meyer/Anschütz*, Deutsches Staatsrecht, Leipzig 1905, S. 641. *Mayer*, O., Deutsches Verwaltungsrecht, 3. Aufl., Berlin 1961, S. 1 u. 7.

[27] *Stahl*, Philosophie des Rechts, 1878, 5. Aufl., Bd. 2, 1. Abt., S. 201.

[28] *Forsthoff*, a.a.O., S. 3.

V. Verwaltung und Chancengleichheit

stimmen[29]. Forsthoff[30] weist darauf hin, daß hinter dem Bekenntnis von Art. 1 Abs. 2 GG auch eine neue Verfassungswirklichkeit steht, weil die Verwaltung nicht mehr nur regulativ, zwischen den beiden selbständigen Sphären von Gesellschaft und Staat wirke. Das Zusammenwachsen dieser beiden Sphären[31] im modernen, sozial verfaßten Rechtsstaat, bedeutet für die Verwaltung, daß sie nicht mehr an gesellschaftliche und soziale Voraussetzungen anknüpfen kann, um Störungen des status quo abzuwenden, oder Entwicklungen in rechte Bahnen zu leiten. Vielmehr müssen diese gesellschaftlichen Voraussetzungen erst geschaffen werden, wie das an Hand des Lastenausgleichsrechts, des Flüchtlingsrechts, aber auch der Begabtenförderung leicht nachgewiesen werden kann. Diese sozialstaatliche Verwaltung ist weit mehr leistende als eingreifende Verwaltung, und ihr Schwergewicht hat sich längst von der sicherheitsrechtlichen Aufgabe auf die Daseinsvorsorge verlagert[32]. Die allgemeine Erkenntnis, daß die rein negative Definition der Verwaltung keinen Erkenntniswert hat[33], ist bedauerlicherweise nicht fruchtbar geworden in dem Sinne, daß eine positive Definition der Exekutivgewalt hervorgebracht worden wäre. Die Versuche hierzu sind allerdings vorhanden, sei es, daß man wie W. Jellinek sie als die Tätigkeit bezeichnet, die

---

[29] *Merk*, Deutsches Verwaltungsrecht, Berlin 1962, S. 92/93.

[30] *Forsthoff*, a.a.O., S. 3; ders., Begriff und Wesen des sozialen Rechtsstaates, VVdStRL 12, Berlin 1954, S. 13, unter Bezugnahme auf Lorenz von Stein; ders., Die Bundesrepublik Deutschland, in: „Merkur", Jg. XIV, H. 9, Stuttgart 1960, S. 807 ff. Zum Strukturwandel von Staat und Gesellschaft vgl. auch: *Habermas*, Strukturwandel der Öffentlichkeit, Neuwied 1962, S. 40 u. 88.

[31] Daß an die Stelle der Zweiteilung von Gesellschaft und Gemeinschaft (Tönnies) eine vielfach differenzierte und überlagerte Gliederung in private, privatöffentliche und öffentliche Sphären getreten ist, wurde vom Verfasser in: „Person und Öffentlichkeit", München 1967, S. 74 ff., ausgeführt. *Martens*, Öffentlich als Rechtsbegriff, Bad Homburg 1969, S. 42 und 81 ff.

[32] *Forsthoff*, a.a.O., S. 35.

[33] *Forsthoff*, a.a.O., S. 1; *Turegg*, K. E. v./*Kraus*, Lehrbuch des Verwaltungsrechts, 4. Aufl., Berlin 1962, S. 5. Vgl. auch die gegenständliche und organisatorische Definition der Verwaltung bei Obermayer, die auch nur eine negative Definition ist. (*Mang/Maunz/Mayer/Obermayer*, Staats- und Verwaltungsrecht in Bayern, 3. Aufl., München 1968, S. 122.) *Wolff* bestimmt die Verwaltung im materiellen Sinne als mannigfaltige, zweckbestimmte i. d. R. fremdnützige und verantwortliche, nur teilplanende, selbstbeteiligte, durchführende und gestaltende Besorgung von Angelegenheiten. (*Wolff*, a.a.O., § 2/II; *Peters*, Hans, Lehrbuch der Verwaltung, Berlin 1949, S. 10; ders., Staatslexikon, Freiburg 1963, Sp. 224 ff.) In der ausländischen Literatur herrscht die Definition der Verwaltung im materiellen Sinne vor. (*Laubadère*, A. de, Manuel de droit administratif, Paris 1947.) L. definiert die Verwaltung gegenständlich (organisation) und funktional (activité) "Au premier sens l'administration est l'ensemble des organismes qui, sous l'impulsion générale, des pouvoirs politiques, assurent les multiples interventions de l'Etat moderne dans la vie des particuliers: pouvoir centrale, autorité locale, telles que préfets, maires, conseils généraux et municipaux, fonctionnaires, entreprises et organismes publics. En un second sens, l'administration est une activité, l'activité même qu'assurent tous les organes que l'on vient d'indiquer."

V. Verwaltung und Chancengleichheit

unterhalb der Sphäre der Regierung auf die Schaffung oder Verhinderung von etwas Neuem im Einzelfall gerichtet ist[34], oder mit v. Turegg-Krauss[35] sie als handelnde Staatsgewalt, als Tätigwerden im Dienst der allgemeinen Aufgaben und Zwecke, oder mit Fleiner[36] als Tätigkeit[37] des Staates zur Erreichung eines Lebenszweckes unter der eigenen Rechtsordnung bezeichnet.

Alle diese Definitionen kranken daran, daß das genus proximum (Tätigkeit, Handeln usw.) durch differentia spezifica (Schaffung und Verhinderung, allgemeine Aufgaben, Erreichung eines Lebenszweckes) näher gekennzeichnet werden soll, die im Grunde genommen Allgemeinbegriffe sind, und daher den Begriffsinhalt nicht anreichern. Es soll hier nicht der Versuch unternommen werden, eine eigene zureichende Definition zu geben, da es für die vorliegende Untersuchung ausreicht, sich dem Phänomen der Verwaltung rein deskriptiv zu nähern[38]. Danach ist für die Verwaltung im Gegensatz zur Justiz kennzeichnend, daß sie nicht streitentscheidende Gesetzesanwendung durch einen Dritten, sondern sozialgestaltendes Handeln in eigener Sache ist. Hierbei ist zu betonen, daß, was Forsthoff offen läßt[39], auch das status-quo-Moment für die Verwaltung nicht gilt, so wesentlich es auch für die richterliche Tätigkeit —abgesehen vom Verfahrensrecht[40] und retroaktiven Gesetzen[41] — ist. Für die Verwaltung, die ihr positives Merkmal gerade im Schaffen

---

[34] *Jellinek*, Verwaltungsrecht, 1948, 3. Aufl., S. 6. *Forsthoff* erwähnt nicht, daß W. Jellinek auch eine positive Definition gibt.

[35] *v. Turegg/Kraus*, a.a.O., S. 5.

[36] *Fleiner*, Institutionen des Deutschen Verwaltungsrechts, 8. Aufl., 1928, S. 7.

[37] Im französischen Verwaltungsrecht entspricht diesem Begriff das Wort „activité" (vgl. *Laubadère*, S. 5); im italienischen „attivitá amministrativa". Sie bedeutet „attività amministrativa diretta alla soddisfazione dei propri interessi... attività concreta con cui lo Stato non limiti ed in conformità del diritto obbietivo, cerca di raggiungere i suoi scopi, di soddisfare i propri bisogni". (*Silvio Lessona*, Introduzione al Diritto Amministrativo e sue strutture fondamentali, Bologna 1960, S. 42.) Dies kommt auch in der Definition des spanischen Verwaltungsrechts zum Ausdruck „la verdad es que se administra siempre que se ejerce intencionadamente cierta actividad para la realisación de un fin" (*Antonio Rovo-Villanova*, Elementos de Derecho Administrativo, Valladolid 1960, S. 6).

[38] Zur Frage einer betriebswirtschaftlichen Verwaltungslehre vgl. *Bischofsberger*, Durchsetzung und Fortbildung betriebswirtschaftlicher Erkenntnisse in der öffentlichen Verwaltung, Zürich 1964. Kritisch zum Versuch Bischofsbergers: *Luhmann*, der einen „Sprung" aus der Deskription zu einer „allgemeinen Theorie des Verwaltungssystems" für erforderlich hält (*Luhmann*, VerwArch. 56, S. 303/313).

[39] *Forsthoff*, a.a.O., S. 5.

[40] Zur Rechtsprechung des BVerfG zur Rückwirkung vgl. die Ausführungen bei *Leibholz/Rinck*, Grundgesetz, RdNr. 40—44 zu Art. 20.

[41] *Scheerbarth*, Die Anwendung von Gesetzen auf frühere Sachverhalte, Berlin 1961. Zur neuesten Rechtsprechung hierzu vgl. die E des BVerfG, U. v. 7. 7. 1964; BVerwG, MDR 1965, 110; BVerfG, B. v. 31. 3. 1965, BVerfGE 18, 429 und die E des BayVerfGH vom 11. 1. 1965, VGHE 18 II 1.

V. Verwaltung und Chancengleichheit

oder Verhindern von etwas Neuem erblickt[42], muß das status-quo-Moment ausgeschaltet werden, da sie gerade den bestehenden Status ändern will, indem sie beispielsweise ein illegales Bauwerk beseitigt — Verhinderung von etwas Neuem — oder Brücken, Straßen, Schulen errichtet, Stipendien und Förderungsmaßnahmen verteilt[43] — Schaffung von etwas Neuem —.

Demnach wird die Frage nach der Bedeutung des Chancengleichheitssatzes für die Verwaltung heute ganz anders behandelt werden müssen. Zwei Hindernisse standen in der überkommenen Interpretation der Effektivität eines Prinzips der Chancengleichheit entgegen: das eine lag im Begriff der Verwaltung, das andere in der Interpretation des Gleichheitssatzes. Sah man die Verwaltung, basierend auf von Stahl, lediglich als Verwirklichung eines eigenen Zweckes an, dem die Rechtsordnung nur als Mittel zu dienen bestimmt war, so konnte der Gleichheitssatz, der gerade der Rechtsordnung entstammte, immer nur Mittel zum Zweck, niemals aber Selbstzweck sein oder werden[44]. Die Zwecke wurden dem Staat und damit der Verwaltung aus der politischen Ordnung gesetzt; diese wiederum fußte auf der Idee der Zweiteilung von Staat und Gesellschaft und verwies die Gleichheitsidee in den gesellschaftlichen Raum[45] — also außerhalb der Staatszwecke — soweit sie nicht überhaupt die Gleichheitsidee als Chancengleichheit negierte. Der Gleichheitssatz wurde deshalb nicht Teil der Staatszwecke, sondern nur Teilinhalt der einer Verwirklichung der Staatszwecke schrankenziehenden Rechtsordnung. In der Gestalt als Schranke der Verwaltung — oder auch der Gesetzgebung — trat der Gleichheitssatz in Widerspruch zur Realisierung der Verwaltungszwecke und wurde verständlicherweise auf dem Wege der Interpretation als Willkürverbot entschärft.

Nicht nur das Grundgesetz, sondern auch die Verfassungswirklichkeit haben sich geändert. Dies betont mit Recht Merk[46], der die von Stahl-

---

[42] *Jellinek*, a.a.O., S. 7.
[43] Vgl. das Bayer. Begabtenförderungsgesetz v. 12. 7. 1966, GVBl 230.
[44] *Lorenz von Stein* (Verwaltungslehre, Bd. I, 2. Aufl., 1869, S. 26 ff., S. 133 ff.) hat, worauf *Forsthoff* (VVdStRL 12, 13) zutreffend hingewiesen hat, einen sozialstaatlichen Entwurf im Rahmen der Monarchie verfaßt, nach welchem der von der Rechtsgleichheit geprägte Staat die vom Prinzip der Ungleichheit durchwaltete Gesellschaft dahingehend zu korrigieren habe, daß keine ungleichen Rechtsklassen entstünden. Demgegenüber soll heute das Prinzip der marktkonformen Diskriminierung in die staatliche Wirtschaftspolitik übernommen werden (hierzu die Ausführungen von *Heinz Wagner* auf der Bochumer Staatsrechtslehrertagung 1968), ders., DÖV 1968, 604/607.
[45] *Dahrendorf*, Über den Ursprung der Ungleichheit bei den Menschen. Tübingen 1961. D. kommt gerade zum gegensätzlichen Standpunkt, indem er auf S. 21 ff. den Ursprung der Ungleichheit in der mit Sanktionen versehenen Norm erblickt. Die Definition „vor dem Gesetz gleich" erhält bei D. einen temporalen Charakter, während es doch wohl ursprünglich nur eine Säkularisierung der theologischen Gleichheit vor Gott ist.
[46] *Merk*, a.a.O., S. 92/93.

sche Definition der Verwaltung im Verhältnis zur Rechtsprechung dahingehend ergänzt, daß die Rechtsordnung nicht mehr nur Mittel, oder Schranke des Zweckes, sondern selbst Rechtsgrundlage der rechtsstaatlichen Verwaltung sei.

Damit ist der Gleichheitssatz aus seiner Verstoßung in die rein schrankenziehende Funktion herausgehoben und über Art. 1 Abs. 2 und 3 GG zur Rechts- und Funktionsgrundlage der Verwaltung geworden. Zudem sind Gesellschaft und Staat so miteinander verschlungen, daß der moderne Sozialstaat die Verwirklichung der Gleichheit zu einem originären Verwaltungszweck aufgewertet hat. Müßte diese Aufgabe nicht unerfüllbar bleiben, wenn man die Gleichheit als Staats- und Verwaltungszweck, der herkömmlichen Interpretation folgend, nur als Willkürverbot versteht und damit zurückfällt in die Funktion des Gleichheitssatzes als Teilinhalt einer der Verwaltung nur schrankensetzenden Rechtsordnung?

c) Chancengleichheit als Aufgabe der Verwaltung

Mit dem Bekenntnis des Grundgesetzes zum Sozialstaat ist die soziale Gleichheitidee expressis verbis Zweck, telos und Aufgabe der Verwaltung geworden. Dies bedeutet weit mehr als das Verbot willkürlicher Entscheidungen im Rahmen der durch Ermessensfreiheit gekennzeichneten Verwaltungsbereiche[47]. Die Verdichtung dieser Gleichheitsforderung zu einer egalitären Gleichheit vollzieht sich aber nicht auf allen Verwaltungsgebieten gleichzeitig und gleichmäßig. Darüber hinaus gibt es auch eine „domaine réservée" der Verwaltung, in welcher es a limine keine Gleichheit zwischen Verwaltungsträgern und Verwaltungsadressaten geben kann, nämlich das Gebiet der Verwaltungsmonopole. Die Frage der Chancengleichheit zwischen der Verwaltung einerseits und der Wirtschaft andrerseits soll hier nicht näher untersucht werden, obwohl auch dieses Kapitel für die Erörterung des Prinzips der Chancengleichheit aufschlußreich ist.

---

[47] *Leibholz* geht irrig, aber konsequent von der Identität des „Willkürverbotes" im Rahmen der ermessensfreien Verwaltung und des grundrechtlichen Gleichheitssatzes aus. Unsachlichkeit des Motivs oder des Zweckes sind willkürlich und damit Ermessensmißbrauch. (*Leibholz*, Die Gleichheit vor dem Gesetz, 2. Aufl. 1959, S. 72 ff.). Vgl. ferner *Stern*, Ermessen und unzulässige Ermessensausübung, Berlin 1964, S. 31/35. Stern weist zutreffend die Verletzung des Gleichheitssatzes den objektiven, willkürliches Handeln den subjektiven Ermessensfehlern zu. — In der Rechtsprechung wird die Einengung der Ermessensfreiheit der Verwaltung teils im Wege der Selbstbindung der Verwaltung, — vergleiche hierzu die Ausführungen des Verfassers: Selbstbindung - Selbstbefreiung der Verwaltung, DVBl 1968, 409 —, teils über den unbestimmten Rechtsbegriff angestrebt. Nur im ersteren Fall handelt es sich um eine Einwirkung des Gleichheitssatzes, im letzteren dagegen um die Frage des Umfanges der verwaltungsgerichtlichen Nachprüfung. Vgl. *Ossenbühl*, DÖV 1968, 618 und ähnlich *H. J. Müller*, DVBl 1969, 119.

V. Verwaltung und Chancengleichheit

Es sei in diesem Zusammenhang neben dem Problem der Verwaltungsmonopole[48] nur an das Verhältnis der Betätigung der öffentlichen Hand auf wirtschaftlichem Gebiet zur Privatwirtschaft erinnert[49]. Hierzu gehören neben den gemeindlichen Wirtschaftsunternehmungen[50] auch die kommerzielle Werbung in Rundfunk und Fernsehen in ihrem Verhältnis zu den Trägern überkommener Werbemittel[51].

Chancengleichheit als Aufgabe der Verwaltung soll im engeren Sinne verstanden werden als „Equality of opportunity". Sie beschränkt sich daher auf das Verhältnis der Verwaltung zu den Verwaltungsadressaten, insofern letzteren gleiche Start- oder Ausgangsbedingungen geschaffen werden sollen. Chancengleichheit in diesem Sinne ist Gleichheit der Staatsbürger untereinander im Hinblick auf Lebenssicherung, Berufsausbildung, Begabtenförderung und ähnliches. Betrachtet man nun die erst im Ansatz befindliche Rechtsprechung, so stößt man auf offenkundige Widersprüche. Dies soll an drei Entscheidungen dargestellt werden. Die Entscheidung des BVerwG vom 28. 1. 1966[52] zur Frage der Zulässigkeit

---

[48] *Badura*, Das Verwaltungsmonopol, Berlin 1963; Baduras verfassungsrechtliche Würdigung des Monopols zieht als Kriterien die Art. 2 Abs. 1, 12 und 14 Abs. 1 und 3 GG heran, sieht aber im Gleichheitssatz kein Problem, obwohl das Wesen des Verwaltungsmonopols darin erblickt wird, daß unter Entziehung der Verfügungsbefugnis die Unterwerfung unter einen Sonderstatus erfolgt. Jeder Sonderstatus muß sich aber verfassungsrechtlich vor der liberté en droit und nach der hier vertretenen Meinung auch vor der liberté en fait verantworten. *Badura*, a.a.O., S. 333. Das BVerwG verneint jedenfalls im Verhältnis Bürger—Verwaltung bzw. staatlichen Monopol einen Chancengleichheitsanspruch. BVerwGE 17, 306. Dies sagt aber nichts darüber aus, ob der Bürger einen Unterlassungsanspruch bzw. einen Leistungsanspruch auf Beseitigung ungleicher bzw. Schaffung gleicher Chancen hat, wenn es um das Verhältnis zum Mitbürger geht.
[49] *Mestmäcker*, DÖV 1964, 606; *Horak*, Die wirtschaftliche Betätigung der öffentlichen Hand in der BRD und ihre Probleme, Köln 1964; *Forsthoff*, a.a.O., S. 380; ders., Der Staat als Auftraggeber, Stuttgart 1963; *Wolff*, a.a.O., § 23 II b.
[50] Der BGH hat in seiner Entscheidung vom 26. 5. 1961 (JZ 1962, 219) erklärt, daß den beschränkenden Regelungen der Gemeindeordnungen die Absicht des Gesetzgebers zugrunde liege, die private Wirtschaft vor einer Konkurrenz durch die öffentliche Hand zu schützen. Ähnlich BGH, U. v. 12. 2. 1965, DVBl 1965, 362. Vgl. hierzu auch *Hoppe*, DVBl 1965, 581/586. Die einengende Auffassung des BayVerfGHE 10, 113 ist auch auf scharfe, nicht immer gerechtfertigte Kritik gestoßen. (*Stern*, BayVBl 1962, 129; *Fischerhof*, DÖV 1960, 42.) Vgl. demgegenüber *Helmreich/Widtmann*, 3. Aufl., Anm. 2 zu Art. 75 BayGO und 3, 4 und 9 zu Art. 77; *Peters*, Handbuch der kommunalen Wissenschaft und Praxis, 3. Aufl. 1959, S. 611/619. Unter diesem Gesichtspunkt erscheint die Entscheidung des BVerwG zur Umwandlung eines Marktes in einen Privatmarkt problematisch (BVerwG, U. v. 21. 7. 1964, DVBl 1965, 522 und kritische Anmerkung von Hurst). Vgl. auch *Ackermann*, DVBl 1965, 353.
[51] *Ipsen*, Rechtsfragen zur Ausgliederung des Werbefernsehens, NJW 1963, 2102. Während Ipsen das Werbefernsehen in Analogie zur wirtschaftlichen Betätigung der Gemeinden setzt, sieht Lerche das Werbefernsehen als legalen, wenn auch nicht verfassungsrechtlich unantastbaren — gesetzesfesten — Bestandteil der allgemeinen Rundfunkordnung an. (*Lerche*, Rechtsprobleme des Werbefernsehens, Frankfurt/M. 1965, S. 34 ff.)
[52] BVerwG, U. v. 28. 1. 1966, VII C 128, 64 = BayVBl 1966, 275.

V. Verwaltung und Chancengleichheit

der Filmbewertungsstelle und der Prädikatisierung von Filmen kommt zu dem Ergebnis, daß neben Art. 5 I GG auch der Gleichheitssatz Beachtung finden müsse. Dies habe zur Folge, daß die Verweigerung einer Prädikatisierung nicht erst dann verfassungswidrig sei, wenn dies zu einer wirtschaftlichen Erdrosselung[53] führe — also Art. 12 GG verletzt ist[54] —, sondern schon dann, wenn bei verständiger wirtschaftlicher Würdigung der nicht prädikatisierte Film keine Chance hätte, aufgeführt zu werden. Das Gericht fügt dann ausdrücklich hinzu, daß hierdurch der in Art. 3 I GG gewährleistete Grundsatz der Chancengleichheit verletzt werde. Es geht also von der selbstverständlichen Geltung einer solchen Konkretisierung des allgemeinen Gleichheitssatzes aus und schränkt ihn nicht einmal für bestimmte Verwaltungsgebiete ein. Es handelt sich hier nicht um eine Chancengleichheit im Prüfungsverfahren; sie wäre verletzt, wenn am Verfahren Prüfer mitgewirkt hätten, die in wirtschaftlichen Beziehungen zum Mitkonkurrenten standen[55]. Es geht vielmehr um die Chancengleichheit im Hinblick auf die Teilnahme am freien Wettbewerb der Filmproduzenten untereinander. Übrigens ist der Nachweis vom BVerwG nicht erbracht worden, daß nicht prädikatisierte Filme eine reelle Chance für eine Aufführung haben. Eine solche besteht doch allenfalls im Zusammenhang mit einem anderen prädikatisierten Film. Die Verwaltung gewährt Begünstigungen steuerrechtlicher Art, welche den Zugang zum Markt, d. h. zu Lichtspielhäusern erleichtert. Hier ist also das Problem der Steuergleichheit[56] angesprochen, obwohl nicht die Steuerpflichtigen unmittelbar betroffen sind, sondern ihre Auswirkung auf den Filmproduzenten, den Regisseur und den Drehbuchautor problematisch sind.

Der hier zum Ausdruck gebrachte Grundsatz der Chancengleichheit läßt sich aber aus dem Gesichtspunkt der steuerlichen Chancengleichheit wohl ableiten. Das Gebot der Steuergleichheit verlangt auch, daß mittelbare Auswirkungen auf Dritte keine Ungleichheit der Chancen bewirkt.

---

[53] BVerwGE 6, 247 (Spielautomatensteuer); 12, 140 (Zweigstellensteuer); vgl. auch *Bachof* I, a.a.O., S. 153; ders., JZ 1966, 171.

[54] Gerade im Rahmen von Art. 12 Abs. 1 GG spielt der Gleichheitssatz eine erhebliche Rolle, ohne daß dies die Rechtsprechung zur Genüge hervorgehoben hätte. Nur im Rahmen der Prüfung der Zumutbarkeit und Verhältnismäßigkeit der Schranken der Ausübungsregelung und der Berufswahl findet er Berücksichtigung. Auf Art. 3 wird ausdrücklich Bezug genommen in BVerfG, B. v. 4. 10. 65, DVBl 1965, 874 und BVerwG, U. v. 5. 8. 65, DVBl 1965, 911. Vgl. hierzu die Kritik bei *Rupp*, NJW 1965, 993.

[55] So z. B. BayVerfGH, U. v. 2. 11. 1964, BayVerfGHE 17, 92. Ob ein Prüfer unter gleichen Voraussetzungen immer zum gleichen Werturteil kommen muß, wird dagegen vom BVerwG, U. v. 20. 12. 1963, VII B 21.63 = Buchholz, 421.0 Nr. 24 und BayVGH, U. v. 13. 5. 1966, BayVBl 1966, 354, verneint.

[56] Vgl. die Ausführungen unter III 2 b.

V. Verwaltung und Chancengleichheit

In einer anderen Entscheidung vom 26. 1. 1966 hat das BVerwG[57] zur Frage der Verfassungsmäßigkeit des § 28 BSHG gerade den gegenteiligen Standpunkt eingenommen. Es erklärt dort in recht apodiktischer Weise, daß die Sozialhilfe lediglich deshalb gewährt werde, damit die Menschenwürde des Sozialhilfeempfängers nicht verletzt werde. Das Gericht fährt dann lapidar fort: „Der Staat kann zwar dem einzelnen helfen, diese Schwierigkeiten seiner persönlichen Lebensführung zu meistern. Gänzlich abnehmen kann er ihm diese Schwierigkeiten nicht. Der Staat kann auch nicht jedem einzelnen absolut gleiche Startbedingungen gewährleisten, und erst recht nicht jedem einzelnen sein persönliches Lebensrisiko abnehmen. Eine andere Auffassung wäre utopisch und geeignet, das Bild jedes einzelnen als einer Individualität zu verfälschen[58]." Der Widerspruch zwischen der Entscheidung vom 28. 1. 1966 und der vom 26. 1. 1966 ist eklatant. In der letzteren Entscheidung versucht der V. Senat des BVerwG die Negierung jeder Chancengleichheit mit einem „arguentum ad absurdum"[59] zu beweisen, indem er von der Unmöglichkeit spricht, „absolut" gleiche Chancen zu gewähren oder das Lebensrisiko dem einzelnen „gänzlich" abzunehmen.

In einer dritten Entscheidung vom 11. 3. 1966[60] hat der 7. Senat des BVerwG in der umstrittenen Frage, ob eine als Ersatzschule anerkannte Privatschule einen Anspruch auf staatliche Subventionierung hat, bejahend Stellung genommen. Ausgehend von der Freiheit der Privatschulen[61], die durch staatliche Eingriffe, aber auch durch staatliche Konkurrenz gefährdet werden könne, kommt das Gericht zur Anwendung des Grundsatzes der Chancengleichheit. Wenn die staatliche Verwaltung eine Privatschule dadurch zum Erliegen bringen könnte, daß der Besuch öffentlicher Schulen besonders anziehend gestaltet werde, würde in die Privatschulfreiheit und in die Chancengleichheit auch eingegriffen werden. Auf dem Wege über die Abnahme der öffentlichen Bildungsaufgaben durch die Privatschulen kommt das Gericht zu einem Anspruch auf Subventionierung der Privatschulen aus Art. 7 IV i. V. m. Art. 3 I GG. Allerdings schränkt es diesen Anspruch ein, wenn es abschließend ausführt:

---

[57] BVerwG, U. v. 26. 1. 1966, V C 88.64 = BayVBl 1966, 272.
[58] BVerwG, a.a.O., S. 273.
[59] Das argumentum ad absurdum ist ein Unterfall des argumentum e contrario, wenn man in der Absurdität das für jeden denkbaren gesetzlichen Tatbestand Gegensätzliche erblickt. Hierbei kommt es aber auf das „nur" der gesetzlichen Regelung an, was im vorliegenden Fall nicht eindeutig ist. Vgl. *Larenz*, Methodenlehre der Rechtswissenschaft, Berlin 1960, S. 295; *Klug*, Juristische Logik, 2. Aufl., Berlin 1958, S. 129 ff.
[60] BVerwG, NJW 1966, 1236 = BVerwG 23, 347; vgl. auch die ablehnende Stellungnahme von *H. Weber*, NJW 1966, 1798 und *Barion*, DÖV 1967, 516.
[61] *Maunz/Dürig*, RdNr. 63 ff. zu Art. 7 GG. Zur Frage der institutionellen Garantie des Art. 7 Abs. 4 S. 1 vgl. auch *Abel*, Die Bedeutung der Lehre von den Einrichtungsgarantien für die Auslegung des Bonner GG, 1965, S. 79 f.

V. Verwaltung und Chancengleichheit

„Weder aus den vorstehend angeführten Grundsätzen, noch etwa aus dem Sozialstaatsgedanken ergibt sich die rechtliche Folgerung, daß jede Privatschule einen Anspruch auf staatliche Förderung hat und dem Träger der Privatschule das Unternehmerrisiko[62] abgenommen werden muß." Problematisch hieran scheint zu sein, daß auf dem Wege über Art. 3 I i. V. m. einem beliebigen Freiheitsrecht ein Anspruch auf Subventionierung wegen Verletzung der Chancengleichheit hergeleitet werden könnte. Der Chancengleichheitsgedanke wird hier nicht nur zur Abwehr einer ungleichen Begünstigung eines Dritten, sondern zur Einräumung gleich günstiger Positionen herangezogen, also aus dem status negativus in den status positivus[63] überführt. Damit greift die Anerkennung der Chancengleichheit als einer „equality of opportunity" in das Gebiet des vom status libertatis-Denken beherrschten Ausbildungs- und Berufswesen über[64].

Das herkömmliche Berufsfreiheitsbild, wie es von Art. 12 Abs. 1 GG geprägt wurde, wird modifiziert durch sozialstaatliche Chancengleichheit, und an die Stelle rein negativer Abwehransprüche treten — noch ins Dunkel der Rechtsentwicklung gehüllt — Ansprüche auf Leistungen der Daseinsvorsorge, der Kultur- und Sozialpolitik[65].

An Hand dieser drei Entscheidungen können drei Hauptrichtungen der Chancengleichheit als Tendenz von Recht und Gerechtigkeit in unserer Zeit erkannt werden. Chancengleichheit wird zunächst auf dem Gebiet öffentlicher Kommunikation gefordert, da die Freiheit der Information und Meinungsäußerung Grundlage politischer Entscheidungen ist, die von Wählern[66] und Parteien[67] getroffen, bereits auf dem Boden der Chancengleichheit aller mitkonkurrierenden Gruppen erwachsen.

---

[62] Der Risikogedanke spielt für das Gericht hier auf dem Bereich des Unternehmerischen die gleiche Rolle wie im Sozialbereich das Lebensrisiko nach BVerwG U. v. 26. 1. 1966, BayVBl 1966, 272. Das Schicksal als einklagbarer Rechtsverlust läßt auch das Lebensrisiko nicht mehr im Bereich der Irrelevanz von Chance und Risiko, *Werner*, DVBl 1968, 770/771. Daß der Gesichtspunkt der Chancenverwirklichung und des Verwirklichungsrisikos ein sehr viel allgemeinerer und für alle Grundrechte bedeutsamer ist, hat *Peter Schneider* mit Recht hervorgehoben, *Peter Schneider*, Pressefreiheit und Staatssicherheit, Mainz 1968, S. 121 ff.
[63] Bejahend *Hamann*, Komm., 2. Aufl., S. 124 und *Heckel*, Deutsches Privatschulrecht, S. 256; ders., DÖV 1964, 595/596. a. A.: *Maunz/Dürig*, RdNr. 86 zu Art. 7 GG. Vgl. auch *Menger/Erichsen*, VerwArch. 1966, 377.
[64] *Bachof/Heidenhain*, Die Berufsfreiheit in der Rechtsprechung des BSG, in: Rechtsschutz im Sozialrecht, Köln 1965; *Rupp*, Das Grundrecht der Berufsfreiheit, NJW 1965, 993; *Bachof*, Verfassungsrecht, Verwaltungsrecht, Verfahrensrecht I, S. 128; ders., JZ 1966, 173; BVerwGE 18, 113.
[65] *Fritz Werner*, Über Tendenzen der Entwicklung von Recht und Gericht in unserer Zeit, Karlsruhe 1965, S. 9.
[66] BVerfGE 1, 246; 6, 91; 12, 77; 13, 127 f. u. 13, 247; 15, 166; 16, 138.
[67] BVerfGE 1, 225; 2, 11; 2, 73; 4, 30; 5, 134; 5, 388; 6, 92; 6, 280; 11, 73; 11, 241; 11, 273; 14, 133.

Die zweite Stoßrichtung der Chanengleichheit erfaßt die Gebiete des Arbeits- und Sozialrechts. Hier sollen die Schicksalsschläge[68], der ungleich waltende Zufall, hineingenommen werden in eine ausgleichende Regelung. Auf diesem Boden erwachsen Vorschriften, wie wir sie im Schwerbeschädigtengesetz[69], im Mutterschutzgesetz[70] oder in den Bestimmungen über das Blindenpflegegeld[71] finden.

Das Recht auf Glück, das die nordamerikanischen bill of rights[72] noch als pursuing of happiness bezeichnen, kann in der modernen, von wiederkehrenden Katastrophen erschütterten Gesellschaft nicht mehr in die Hand des einzelnen gelegt werden, ohne ihn in grober Weise zufälligen Ungerechtigkeiten auszusetzen. Es ist nichts bewiesen, wenn das BVerwG betont, daß der Staat dem einzelnen das Lebensrisiko nicht gänzlich abnehmen könne, denn dort, wo der Staat den Zusammenbruch der Gesellschaft verursacht oder wenigstens nicht verhindern kann, wo Strukturveränderungen großen Stiles vor sich gehen, kann sich die öffentliche Hand nicht unter Beschwörung utopischer Zustände aus der Verantwortung zurückziehen. Schließlich wird an der letzten Entscheidung klar, wie immer man sich zur Begründung stellen mag, daß die Garantie einer klassisch verstandenen und in der Gesellschaft wurzelnden Berufsfreiheit den modernen Bedürfnissen der Kulturverwaltung und des nach Aufstieg und Ausbildung drängenden Bürgers nicht entspricht. Dies hat schon, von einer anderen Seite des Problems herkommend, die Überlagerungen des Art. 12/I GG durch die sogenannten öffentlich gebundenen Berufe[73] gezeigt. Darüberhinaus beweisen aber die vielfältigen Förde-

---

[68] *Forsthoff*, a.a.O., S. 3.

[69] *Neumann*, Kommentar zum SBG, 2. Aufl., München 1964, Einl. RdNr. 31, § 1 RdNr. 1 bis 7, § 2 RdNr. 1 bis 4; *Becker/Mikoleit*, Kommentar zum SBG, 2. Aufl., Berlin 1962, S. 98 ff. Zur besonderen Fürsorgepflicht BayVGH vom 17. 10. 1963. Innerhalb der verschiedenen Kategorien der Schwerbeschädigten soll durch die Möglichkeit der Gleichstellung eine gruppenspezifische Chancengleichheit bewirkt werden, nach § 2 Abs. 2 SBG, vgl. U. v. 31. 8. 1960, DÖV 1961, 150. Grundsätzlich hierzu v. *Ferber*, Der behinderte Mensch und die Gesellschaft, in: Der behinderte Mensch in unserer Zeit, Köln 1968, S. 19; *Ohnesorge*, Soziale Sicherung des behinderten Menschen, ebd., S. 30 ff. Zur beruflichen Eingliederung Behinderter sind die Berichte von *Boll*, ebd., S. 113, *Hofrichter*, ebd., S. 120 und *Strohm*, ebd., S. 139 von Interesse. Zur Stellung der Schwerbeschädigten im öffentlichen Dienste vgl. DsiöD, 1968, 13, 17, 21, 33.

[70] Zu den Grundzügen des neuen Mutterschutzgesetzes vgl. *Welzel*, Das neue Mutterschutzgesetz, Betr. 1965, 1441 und U. v. 15. 12. 1964, BB 1965, 495, sowie *Bulla*, Kommentar zum MuschG, 2. Aufl., München und Berlin 1967, Vorbemerkung vor § 1.

[71] Nach dem Gesetz über die Gewährung von Blindengeld handelt es sich um einen Rechtsanspruch. BayLSG U. v. 25. 4. 1956, FVGE 5, 216.

[72] Virginia Bill of Rights, Rock, Dokumente der amerikanischen Demokratie, Wiesbaden 1947, S. 96.

[73] BVerfGE 7, 377/398; BVerfG B. v. 5. 5. 1964, JZ 1965, 132 (mit Anm. von Menger, VerwArch. 1965, 81); *Rupp*, NJW 1965, 993; BVerwGE 9, 334/336 und U. v. 27. 9. 1961, MDR 1962, 503; *Bachof*, JZ 1966, 173.

V. Verwaltung und Chancengleichheit 75

rungsmaßnahmen, daß die Berufsfreiheit ein leerlaufendes oder ungleich gewährleistetes Grundrecht ist, wenn nicht die Startchancen durch öffentliche Leistungen angeglichen oder wenigstens auf einen Minimumstandard angehoben werden. Der entscheidende, von der Rechtsprechung nicht aufgedeckte Unterschied der drei Fallgruppen liegt wohl darin, daß es sich bei der Chancengleichheit von Film und Schule um die Anwendung des Gleichheitssatzes unter der Herrschaft der kleinen Zahl handelt, während beim Sozialhilfeanspruch die potentielle oder reelle Vielzahl der Berechtigten der Verdichtung zur Chancengleichheit entgegenwirkt.

VI. Einzelfragen der Gleichbehandlung durch die Verwaltung

Im Nachfolgenden soll noch eine methodische Einzelfrage aus dem Problemkreis Verwaltung und Chancengleichheit hervorgehoben werden. Es handelt sich um die Frage der Priorität bei der Verbescheidung von mitwirkungsbedürftigen Verwaltungsakten[1].

1. Gleichheit und Prioritätsgrundsatz

Weder bei gebundenen[2], noch bei freien Gestattungen oder Verstattungen[3] der Verwaltung spielt das Problem der Reihenfolge der Behandlung der Anträge eine Rolle. Denn im ersteren Fall ist bei Erfüllung der Voraussetzungen ohne Rücksicht auf Bewerber der Verwaltungsakt zu erteilen, im letzteren Fall verbleibt die Erteilung im Ermessen. Nur wenn willkürlich, also ohne sachlichen Grund nicht oder verspätet entschieden wird, kann eine Rechtsverletzung[4] eine Rolle spielen. Anders ist es jedoch dort, wo unter mehreren Antragstellern nur einer oder jedenfalls eine der Zahl der Bewerber gegenüber geringere Anzahl zum Zuge kommen kann. Dies ist vor allem dort der Fall, wo das Gesetz den Zugang zu einem Beruf an objektive Zulassungsvoraussetzungen[5] geknüpft hat. Dabei dürfte es gleichgültig sein, ob es sich um objektive Zulassungsschranken auf der Stufe der Berufsausübung, oder um solche

---

[1] Zur Bedeutung des Antrages vgl. BVerwGE 11, 18; *Bachof*, a.a.O., S. 250; *Badura*, JUS 1964, 103.

[2] *Wolff*, Verwaltungsrecht, I, § 30 I b.

[3] *Wolff*, a.a.O., § 43 III b) 1.

[4] *Bachof* I, a.a.O., S. 19, 132 und 226; *Forsthoff*, a.a.O., S. 181 f.; *Wolff*, a.a.O., § 31 II e.

[5] Die Lehre von den objektiven und subjektiven Zulassungsvoraussetzungen, die sog. Dreistufentheorie (BVerfGE 7, 377) ist auch für die verwaltungsgerichtliche Rechtsprechung grundlegend geworden, doch ist zu beachten, daß die jüngste Rechtsprechung des BVerfG, beginnend mit BVerfGE 11, 30, eine Modifikation der Stufen gebracht hat. Vgl. *Bachof*, Grundrechte, III/1, S. 216 ff.; ders., Verfassungsrecht, S. 142; ders., JZ 1966, 171; *Becker*, JÖR n. F. 15, 263, 290. Dies spielt für die Chancengleichheit eine Rolle, weil für die auf gleicher Stufe stehenden Bewerber die formale Stufenzugehörigkeit oder die Nachhaltigkeit des Rechtseingriffes von Bedeutung sein kann. Da die Chancengleichheit nicht formal ist, wird auf die Nachhaltigkeit einzugehen sein; vgl. auch *Bachof/Heidenhain*, Grundrechtsschutz im Sozialrecht, 1965, S. 9 und 18 ff.; zur Konkurrentenklage,, *Schmidt*, NJW 1967, 1635. BVerwG, U. v. 30. 8. 1968, NJW 1969, 522/523 will die Klagebefugnis über Art. 2 Abs. 1 GG bei Subventionierung von Konkurrenten gewähren, ebd. Anm. Selmer, 1266/267.

VI. Einzelfragen der Gleichbehandlung durch die Verwaltung 77

Ausgrenzungen auf der Stufe der Berufswahl handelt. Aktuell wurde diese Frage bei der Entscheidng darüber, in welcher Weise die bis über 1000 Anträge angewachsenen Begehren auf Zulassung von Droschkenunternehmungen zu behandeln sind. Die Frage hat aber ganz allgemeine Bedeutung.

a) Der Gleichheitssatz im Rahmen des Beurteilungsspielraumes

In einer Entscheidung vom 13. 5. 1955[6] hatte der BayVGH in Fortsetzung seiner früheren Rechtsprechung die Anwendung des Prioritätsgrundsatzes bei der Verbescheidung von Anträgen nach dem Personenbeförderungsgesetz abgelehnt. Bei der Würdigung mehrerer Anträge auf Erteilung einer Linienverkehrsgenehmigung könne nur demjenigen Antragsteller unter Zurückweisung aller anderen Anträge die Genehmigung erteilt werden, der die objektive Zulassungsvoraussetzung, hier das öffentliche Verkehrsinteresse am geeignetsten erfülle.

Bei der Handhabung der unbestimmten Rechtsbegriffe besteht ja ein Beurteilungsspielraum, innerhalb dessen die Behörde frei von verwaltungsgerichtlicher Nachprüfung eine größere oder geringere Erfüllung des Tatbestandes feststellen kann[7]. Leugnet man allerdings das Vorhandensein eines solchen Beurteilungsspielraumes, so kann es kein cognitives Ermessen geben, so daß nur vier, bzw. drei Entscheidungsvarianten denkbar sind: alle oder einige Bewerber erfüllen den unbe-

---

[6] BayVGH, U. v. 13. 5. 1955, VerwRspr. 8, 718/729. Die Entscheidung des BVerwG vom 28. 5. 1963, BayVBl 1964, 51, verneint den Beurteilungsspielraum bei Anwendung der unbestimmten Rechtsbegriffe „Sicherheit und Leichtigkeit des Verkehrs" in § 9 Abs. 3 FStrG; darüber hinaus lehnt *Fellner* den Begriff des unbestimmten Rechtsbegriffes — also nicht nur den ihm innewohnenden Beurteilungsspielraum — ab, und ersetzt ihn durch den Begriff der Einschätzung (BayVBl 1965, 407 f.). Vgl. ferner die Beschlüsse des BayVGH vom 27. 7. 1951, Nr. 3 IV 49 und vom 13. 11. 1952, Nr. 37 IV 52. Zur Frage der Ermessensentscheidung vgl. *Obermayer*, NJW 1963, 1177. Eine Einengung des Ermessens liegt in der Entwicklungstendenz begründet; *Hüttl*, DVBl 1965, 61/65. Die Frage der „Schwankungsbreite" unbestimmter Rechtsbegriffe und die damit zusammenhängende des kontrollfreien Raumes, ist verschieden zu beurteilen, je nachdem, ob man den Willkürmaßstab oder den Chancengleichheitsmaßstab anlegt. Wählt man den letzteren, dann erübrigt sich das problematische Überwechseln auf die prozessuale Theorie des Beurteilungsspielraumes. (Anders dagegen *Schmidt/Salzer*, a.a.O., S. 42 ff., 47.) Zur Egalisierung des Ermessens, *Badura*, DÖV 1968, 453. Vgl. auch *Rupp*, NJW 1969, 1273.

[7] Für den Begriff „künstlerisch hochstehend" verneint das BVerwG, U. v. 28. 5. 1965, DVBl 1965, 914 ebenfalls das Vorliegen eines Beurteilungsspielraumes. Dagegen hält das Gericht bei persönlichkeitsbedingten Werturteilen an einem Beurteilungsspielraum in der Gestalt einer der gesetzlichen Regelung immanenten Beurteilungsermächtigung fest (BVerfGE 15, 153; 8, 192; 11, 139; 11, 165; 12, 359; 15, 39; BVerwG U. v. 13. 5. 1965, 650). Allerdings besteht unseres Erachtens kein Unterschied zwischen der Bewertung des Leistungsstandes eines Beamten und des Begriffes „künstlerisch wertvoll".

stimmten Rechtsbegriff, bzw. einige Bewerber erfüllen ihn nicht, oder: niemand erfüllt den unbestimmten Rechtsbegriff. Da die Entscheidungsvarianten zwei und drei nur eine positive bzw. negative Aussage des gleichen Sachverhaltes enthalten, sind sie identisch, wodurch sich die Entscheidungsmöglichkeiten auf drei reduzieren.

Die Entscheidungsvarianten eins und vier verlieren die gestellte Problematik, da bei Stattgabe aller Anträge oder bei Ablehnung kaum der Einwand erhoben werden dürfte, daß ein Antragsteller dadurch beschwert worden sei, daß sein Antrag gleichheitsverletzend positiv oder negativ entschieden worden sei. Dennoch läßt sich auch hier der Fall denken, daß bei Abweisung aller Anträge ein Antragsteller mit Recht eine Verletzung dartun kann, wenn er bei rechtzeitiger Abweisung aller Anträge die Möglichkeit einer erfolgreichen Klage gehabt hätte, die ihm wegen eines zwischenzeitlichen eingetretenen Rechtswechsels[8] durch den Zeitverlust unmöglich gemacht wurde.

Ob dem Beschwerten hier durch einen Folgenbeseitigungsanspruch[9] geholfen werden kann, kann an dieser Stelle nicht erörtert werden. Von großer Bedeutung für den Gleichheitssatz und die Realisierung der Chancengleichheit durch die Verwaltung sind die Varianten zwei und drei, also die Fälle, in welchen nur einem Teil der Anträge stattgegeben werden kann, ein anderer Teil dagegen abgelehnt werden muß, weil die objektive Zulassungsschranke bei Vergrößerung der Zahl überschritten würde.

Dabei ist es gleichgültig, ob ein Antrag oder ob mehrere Anträge Erfolg haben, oder ob nur ein Antrag oder mehrere Anträge als unbegründet zurückgewiesen werden. Das Verfahren der Vergleichung aller Anträge führt hier nicht mehr zum Erfolg, wenn die zur Entscheidung stehenden Anträge in gleicher Weise den behördlichen Voraussetzungen — den subjektiven und den objektiven Zulassungsvoraussetzungen — genügen.

b) Die Frage der Beschwer

Ergibt die abwägende Prüfung, daß mehrere Antragsteller in gleicher Weise den Anforderungen des Gesetzes genügen, will die oben erwähnte

---
[8] *Scheerbarth*, Die Anwendung von Gesetzen auf früher entstandene Sachverhalte, Berlin 1961, S. 78 ff. und 102; *Ule*, DVBl 1963, 481; *Forsthoff*, a.a.O., S. 145, Anm. 3; vgl. auch die früheren Untersuchungen über das Problem bei *Vervier*, Der Rechtswechsel im öffentlichen Recht und seine Einwirkungen auf gleichwertige öffentlich-rechtliche Normen, München 1923, S. 55 und 57 ff.; *Herrnritt*, Grundlehren des Verwaltungsrechts, Tübingen 1921, S. 113 f.
[9] *Forsthoff*, a.a.O., S. 252, 327; *Wolff*, VerwRecht I, § 54 II; grundlegend: *Bachof*, Die verwaltungsgerichtliche Klage auf Vornahme einer Amtshandlung, Tübingen 1951; *Bettermann*, DÖV 1955, 528; *Eyermann/Fröhler*, RdNr. 54 zu § 80 VwGO; *Obermayer*, JUS 1963, 110/113; zum Folgenentschädigungsanspruch: *Franke*, VerwArch. 57, 357; *Scholler*, DVBl 1968, 414.

VI. Einzelfragen der Gleichbehandlung durch die Verwaltung   79

Entscheidung die Auswahl dem pflichtgemäßen Ermessen[10] der Behörde überlassen. Die Entscheidung läßt aber offen, an welche objektiven Kriterien sich die Behörde halten kann oder muß, um ihre Ermessensentscheidung fehlerfrei zu treffen. Als Kriterien kommen in Frage: das Prioritätsprinzip oder die Chancengleichheit. Gewährt man dem unterlegenen Antragsteller ein Anfechtungsrecht gegenüber dem stattgebenden Bescheid, dann wird man die Beschwerdeberechtigung[11] der Klagenden nur in einem solchen Recht auf Priorität oder verletzter Gleichbehandlung sehen können. Denn die unrichtige Anwendung eines objektiven Rechtssatzes beim stattgebenden Bescheid verletzt für sich allein noch nicht die abgewiesenen Antragsteller[12].

c) Prioritäts- oder Losentscheidung

Das BVerwG hat in seiner Entscheidung vom 28. 6. 1963, BayVBl 1963, S. 386 zum gleichen Fragenkreis eine andere Stellungnahme bezogen, nachdem es ebenfalls die Auswahl der Entscheidungskriterien in das Ermessen der zur Entscheidung berufenen Behörde stellt. Das Gericht stellt die Behandlung nach reiner Priorität und die interessenabwägende, auf periodisch wiederholenden Ausschreibungen beruhende, gegenüber. Für die Entscheidung nach Priorität und gegen die ermessensabwägende Entscheidung wird vorgebracht, daß eine Abwägung von einer sehr gro-

---

[10] *Forsthoff*, a.a.O., S. 80 f. Dieses pflichtgemäße oder freie Ermessen endet aber dort, wo Verfassung oder Gesetz Entscheidungskriterien aufstellen.
[11] Die Beschwerdeberechtigung steht nach § 27 LVG für Baden-Württemberg demjenigen zu, gegen den der VA gerichtet ist, sowie jedem, dessen Interesse der VA beeinträchtigt. Nach § 12 des EVwVerfG 1963 sind am Verwaltungsverfahren beteiligt unter anderem diejenigen, die von der Behörde hinzugezogen worden sind, weil ihre rechtlichen Interessen durch den Ausgang des Verfahrens berührt werden. (*Forsthoff*, a.a.O., 8. Aufl., S. 481; *Ule/ Becker*, a.a.O., S. 29.)
[12] *Forsthoff*, a.a.O., 8. Aufl., S. 495; Zum Begriff der Rechtsverletzung vgl. ferner: BVerwGE 3, 237; BVerwG, DVBl 1964, 191; *Engelhardt*, JZ 1961, 588; *Schrödter*, Die verwaltungsgerichtliche Entscheidung, 1961, S. 42; *Eyermann/ Fröhler*, RdNr. 85/86 zu § 42 VwGO; *Ule*, Anm. III 1 zu § 42 VwGO. Ein Beispiel für die unterschiedliche Einwirkung des Gleichheitssatzes bietet die Frage des Verhältnisses von Marktbenutzer zum Eigentümer des Marktplatzes. Bejaht man einen Rechtsanspruch auf Zuweisung (BayVGH, GewArch. 1959, 215), so greift die formale Rechtsanwendungsgleichheit ein. Gewährt man nur einen Anspruch auf ermessensfehlerfreie Entscheidung, so wirkt der Gleichheitssatz im wesentlichen nur als Willkürverbot (OVG Münster, DVBl 1965, 527). Nimmt man nur Reflexrechte an (OVG Lamburg, GewArch. 1959, 81), so müßte selbst das Willkürverbot versagen. — Der Weg zur formalen Rechtsanwendungsgleichheit ist der Weg vom Rechtsreflex zum subjektiv materiellen Anspruch; es ist gleichzeitig der Weg vom Untertan der „wohlgeordneten Verwaltung" zum Bürger und Partner in einer Verwaltung, die als Anstalt oder Betrieb ihn umgreift. Die „Veranstaltlichung" der Verwaltung bedeutet die Verstärkung egalitärer Gleichheit, wie schon von jeher innerhalb der Anstalt der Gleichheitssatz intensive Bedeutung hatte.

80   VI. Einzelfragen der Gleichbehandlung durch die Verwaltung

ßen Anzahl von Anträgen auch bei Zugrundelegung eines Punktsystems objektiv nicht bewältigt werden könne, und daß letzten Endes zwischen den bei der Abwägung gleich abschneidenden Antragstellern das Los entscheiden müsse. Gegen den Losentscheid wird vor allem vorgebracht, daß der Individualgerechtigkeit nur in sehr beschränktem Umfange Rechnung getragen werden könne, und daß deswegen der Entscheid nach Priorität als einem mit dem Rechtsstaatsprinzip in gleicher Weise zu vereinbarenden Kriterium der Vorzug zu geben sei[13]. Es ist zu bedauern, daß das BVerwG seine Gesichtspunkte über das Verhältnis von Priorität und Gleichheit an einem Extremfall entwickelt. Ganz und gar abzulehnen ist die Verpönung der Losentscheidung in Verbindung mit dem Prinzip der Ausschreibung. Es ist nämlich zu fragen, ob die Bindung der Verwaltung an den Gleichheitssatz nicht die Anwendung des Losentscheides unter Zurücksetzung der Priorität gebietet.

d) Geltung des Prioritätsgrundsatzes

Für die Anwendung des Prioritätsgrundsatzes wird sowohl vom BayVGH[14] wie vom BVerwG[15] ins Feld geführt, daß im privaten, wie im öffentlichen Recht der Prioritätsgrundsatz Anerkennung gefunden hat.

aa) Der Prioritätsgedanke hat anerkanntermaßen seine Wurzel im Römischen Recht[16], das mit dem Satz „primus tempore potior iuris"[17] zum Ausdruck gebracht hat, daß durch den Zeitablauf ein vorhandenes Recht oder eine vorhandene Rechtsposition eine Rechtskräftigung erfährt.

Der Einfluß des Zeitfaktors auf Ansprüche, Rechtslagen, Rechtspositionen ist eine durchaus bekannte Erscheinung und findet sich nicht nur rechtsstärkend, sondern auch rechtsschwächend, hemmend oder vernichtend[18] im privaten und öffentlichen Recht. Die rechtsschwächende

---

[13] BVerwGE 16, 190 ff.
[14] BayVGH 14. 2. 1962, NJW 1962, 2219 mit zustimmender Anmerkung von Bidinger.
[15] BVerwGE 16, 190 = DÖV 1964, 54 mit ablehnender Anm. v. Czermak; zustimmend dagegen *Bachof*, JZ 1966, 59 (Nr. 13).
[16] z. B. „potior est in pignore, qui prius credidit pecuniam" (1.11. pr. D 20, 4). *Heumann/Seckel*, Handlexikon, 9. Aufl. 1907, S. 458. Dem Zeitfaktor wird im Römischen Recht nur widerstrebend Einfluß eingeräumt (*Schulz*, Prinzipien des Römschen Rechts, 1934, S. 169).
[17] *Sohm/Mitteis/Wenger*, Institutionen, Geschichte und System des römischen Privatrechts, München 1926, S. 350/351.
[18] Eine eigentliche Verjährung wird im öffentlichen Recht — abgesehen von vermögensrechtlichen Ansprüchen—nicht anerkannt. Dennoch sind die Vorschriften des bürgerlichen Rechts anzuwenden (BayVGH Jahrb. Bd. 46, S. 61; *Forsthoff*, a.a.O., S. 167; *Heinrich*, DÖV 1965, 685; zur Verjährung öffentl.-rechtl. Ansprüche BVerwG DVBl 1963, 186 und BSG, DVBl 1963, 409).

VI. Einzelfragen der Gleichbehandlung durch die Verwaltung

Wirkung des Zeitfaktors ist als Rechtsinstitut der Verjährung[19], des Ausschlusses[20], des Rechtsmißbrauches[21] und der Verwirkung[22] auch dem öffentlichen Recht bekannt. Daraus ergibt sich schon, daß der Grundsatz der Priorität als Ausdruck des Zeitfaktors durchaus relativ ist, und daß bei Erstreckung des Zeitfaktors die unvordenkliche Verjährung[23] in die Ersitzung[24] umschlagen kann.

Dies zeigt sich vor allem bei den Gemeindenutzungsrechten[25], die, da sie nicht mehr begründet werden können[26], auf Prioritätsbasis beruhen, die aber bei Nichtausübung erlöschen[27]. Das gleiche gilt für wasserrechtliche Altrechte[28] oder für die Wegedienstbarkeiten[29]: Der Zeitfaktor hat also eine ambivalente Funktion und seine rechtsstärkende oder rechtsschwächende Funktion kann nur im Zusammenhang mit der materiellen Rechtslage richtig beurteilt werden.

bb) Der Hinweis[30], daß vor allem das Privatrecht und hier wiederum das Registerrecht, insbesondere das Grundbuchrecht[31], das Patentrecht[32]

---

[19] *Forsthoff*, a.a.O., S. 159. *Wolff* zählt zu den rechtshemmenden neben der Verjährung auch die Aufschubfrist, z. B. § 6/I WehrbO. Rechtsmittelfristen sind keine Aufschubfristen, so daß ein Rechtsbehelf auch vor Erlaß der Entscheidung eingelegt werden kann (*Wolff*, a.a.O., § 37 III e) 2.).

[20] BayVGH, BayVBl 1962, 281 f.: Zur Verfassungsmäßigkeit der Ausschlußfrist des § 48 Abs. 2 VwGO nimmt die E des BVerwG vom 10. 11. 1966, DVBl 1967, 856, bejahend Stellung.

[21] RG 146, 396; zusammenfassend: RG 160, 357; *Siebert*, Verwirkung und Unzulässigkeit der Rechtsausübung, 1934, S. 99 und 146.

[22] *Wolff*, a.a.O., § 37 III e) 1; BVerwGE 3, 297; 2, 246; 7, 159; 6, 204; *Bachof*, a.a.O., S. 270/271. Zur Verwirkung prozessualer Rechtsbehelfe insbesondere der Verfassungsbeschwerde, vgl. die Entscheidung des BayVerfGH v. 10. 1. 1962, BayVBl 1962, 83, mit ausführlicher Angabe von Rechtsprechung und Schrifttum.

[23] Sie spielt vor allem im Wegerecht als Beweis für das Bestehen eines Rechtsverhältnisses, welcher die Vermutung ersetzt, und im Recht der Gemeindenutzungsrechte eine Rolle.

[24] W. *Jellinek*, a.a.O., S. 222. *Wolff* unterscheidet hier eine rechtsbegründende Frist der Ersitzung, eine Rechtserwerb bedingende Frist, die Wartezeit, eine Rechtserwerb beweisende Frist, die Unvordenklichkeit und eine Rechtserwerb ermöglichende Frist, die Vermutungszeit (*Wolff*, a.a.O., § 37 III c) Zur Verfassungsmäßigkeit des Fortbestandes altrechtlicher, auf „unvordenklicher Verjährung" beruhender Grunddienstbarkeiten vgl. BayVerfGH, BayVBl 1964, 89 f.).

[25] *Vorbeck*, Wesen und Inhalt gemeindlicher Nutzungsrechte, München 1965; *Mörtel*, BayVBl 1964, 7, 42 und 74.

[26] BayVerfGH, U. v. 24. 4. 1964, BayVBl 1965, 271; *Helmreich/Widtmann*, Anm. 2, 4, 6, 7, 8 zu Art. 68 BayGO; *Mörtel*, BayVBl 1964, 7, 42 und 74.

[27] Zur Verjährung per non usum vgl. die Entscheidung des BayVGH, U. v. 19. 2. 1965 bezüglich radizierter Mühlengerechtigkeiten.

[28] Vgl. die obenstehende Entscheidung des BayVGH vom 19. 2. 1965 zu Art. 207 BayWG 1907 und Art. 95 Abs. 1 BayWG 1962.

[29] BayVGH a. F. 26, 246; 44, 53; n. F., 4, 19; 6, 130. Vgl. ferner VerwRspr. 6, 43 und 16, 203.

[30] BayVGH, NJW 1962, 2219.

[31] BGB § 879; GBO § 17; Schiffsrechtgesetz vom 15. 11. 1940 (RGBl I 1499)

82 VI. Einzelfragen der Gleichbehandlung durch die Verwaltung

und das Grundpfandrecht[33] vom Prioritätsgrundsatz beherrscht wird, ist noch kein Argument, auch das Verwaltungsverfahrensrecht diesem Grundprinzip zu unterstellen[33a].

Denn die Herrschaft des Prioritätsgrundsatzes im Privatrecht beruht vor allem auf der andersartigen Struktur dieses Rechtssystems. Die iustitia commutativa als die ausgleichende Gerechtigkeit kann sich häufig wegen der Autonomie der Privatrechtssubjekte nur am Zeitfaktor orientieren, während die iustitia distributiva[34], also die verteilende Gerechtigkeit, die ein Gegenüber voraussetzt, und nicht nur ein Miteinander kennt, materieller Kriterien für Leistung und Eingriff bedarf. Dem widerspricht nicht der Umstand, daß das öffentliche Recht häufig Präklusionsbestimmungen[35] kennt, die die spätere Berücksichtigung vorgebrachter Einwendungen oder auch Rechte ausschließt. Denn hier wird nicht eine Priorität früherer Einwendungen gegenüber späteren begründet, sondern nur im Interesse der Rechtssicherheit unter Hintansetzung der Einzelfallgerechtigkeit eine Abgrenzung getroffen. Die öffentlich-rechtliche Präklusion könnte eher zum Beweis des Gegenteils herangezogen werden, weil sie kein Rangverhältnis zwischen den Beteiligten schafft, sondern nur die Geltendmachung von Rechten zeitlich terminiert.

e) Demokratische Verwaltungsstrukturen und Prioritätsgrundsatz

Ein weiterer Einwand gegen die unbesehene Übernahme des Prioritätsgrundsatzes in das öffentliche Recht und insbesondere in das Ver-

---

§§ 25—27; Verordnung über das Erbbaurecht v. 15. 1. 1919, (RGBl S. 72, 122), § 10.

[32] Vgl. die Bestimmungen des Patentgesetzes vom 5. Mai 1936 i. d. F. der Bekanntmachung vom 18. 7. 1953 (BGBl I S. 623) §§ 2, 4 Abs. 2, 26 und 27. Daß das Patentrecht hier gar keine Analogie hergeben kann, ergibt sich doch daraus, daß das Wesen des Rechts neben der Erfindungshöhe gerade in der Neuheit liegt.

[33] Für das Pfandrecht gilt das gleiche nach § 1209, vgl. *Palandt*, 27. Aufl., Einf. 2 vor § 1204.

[33a] Das OVG Münster scheint die Anwendung des Prioritätsprinzips im Verwaltungsrecht (Gemeinderecht) als Korrektiv gegenüber dem Subsidiaritätsprinzip zu bejahen (OVG Münster, U. v. 20. 10. 1965, DÖV 1967, 205/207).

[34] *Forsthoff*, a.a.O., S. 67, 154 zählt dem Staat nur den Unterschied die beiden Gerechtigkeitsarten zu, während doch die aristotelisch-thomistische Lehre (Nikomachische Ethik, 7 1131 b 27 — 1132 a 2) ein Gegenüber bei der iustitia distributiva verlangt; vgl. auch *Böckenförde*, a.a.O., S. 23/24 mit ausführlichem Literaturnachweis.

[35] Eine Präklusion des § 18 Abs. 3 FStrG verneinen das BVerwG U. v. 14. 4. 1967, DVBl 1967, 916 und *Zimniok*, Anm. 8 und *Sieder/Zeitler*, RdNr. 19 zum entsprechenden Fall des Art. 39 BayStrWG. Bejaht wird die Präklusion vom BayVGH, VerwRspr. Bd. 16, S. 469. Andere Präklusionsvorschriften: § 17 ff Gewerbeordnung; Art. 78 BayWG 23. 3. 1907, BayBS II / S. 471; §§ 28 ff. Landesbeschaffungsgesetz landwirtschaftlicher Grundstücke, 22. 12. 1921, BayBS IV S. 558; Art. 31 ff. Berggesetz 13. 8. 1910 BayBS IV S. 136.

VI. Einzelfragen der Gleichbehandlung durch die Verwaltung

waltungsverfahren ergibt sich aus dem demokratisch-egalitären Gesichtspunkt der Heranführung der Verwaltung an demokratische Verwaltungsformen[36].

Wenn auch, oder gerade weil der Begriff des Verwaltens etymologisch dem Herrschen mehr entspricht als einem dienenden Ordnen von Lebenssachverhalten[37], oder mit anderen Worten, weil Verwaltung mehr die Herrschaft von Menschen über Sachen und Menschen ist[38], bedarf es demokratischer Regulative, die solche Herrschaftsformen entschärfen. Der Prioritätsgrundsatz trägt aber eher monolithische als demokratische Züge. Dies zeigt sich nicht zuletzt in der Ausbildung monarchischer Priorität in Gestalt des Primogeniturrechts[39]. Dieses setzte sich auf Grund der der rechtsstaatlichen Rechtssicherheitsidee verwandten Vorstellung größerer monarchischer Stabilität gegenüber der Wahlermittlung der Monarchen durch. Daß dieser Vorgang sich auf Kosten größerer Flexibilität und Anpassungsfähigkeit vollzog — ganz zu schweigen von der Idee der Chancengleichheit der zum Regiment berechtigten Häuser — ist hier nicht zu erörtern.

Es läßt sich aber doch auf einem klassischen Verwaltungszweig, dem Gemeinderecht, auf die Anerkennung eines dem demokratischen Gedanken verwandten Prinzips der Chancengleichheit hinweisen. Überall dort, wo die Gemeindeverfassung die Bestellung von Organen durch Wahlhandlungen vorsieht, muß eine Regelung getroffen werden, wer als gewählt

---

[36] *Badura*, Verwaltungsrecht im liberalen und sozialen Rechtsstaat, Tübingen 1966; *Ellwein*, Einführung in die Regierungs- und Verwaltungslehre, Stuttgart 1966, S. 99 und 166; *v. d. Groeben/Schnur/Wagener*, Über die Notwendigkeit einer neuen Verwaltungswsisenschaft, Baden-Baden 1966, S. 48; *Morstein-Marx*, in: Verwaltung, Berlin 1965, S. 34, ders., Das Dilemma des Verwaltungsmannes, Berlin 1965; *Rupp*, Grundfragen der heutigen Verwaltungsrechtslehre, Tübingen 1965, S. 272. *Bülck* weist auf die gegensätzlichen Tendenzen: Parlamentarisierung und Politisierung der Verwaltung hin. Die sachkategorischen Lenkungsbefugnisse formen den neuen Typus der Verwaltung (Verwaltung, a.a.O., S. 55, 58 und 64; *Franz Mayer*, ebd., S. 308; *Ryffel*, ebd., S. 273, 278, 459; *Morstein-Marx*, ebd., S. 372, insbesondere S. 381, 384; *Duppré*, ebd., S. 409; *Luhmann*, ebd., S. 163/165); *Kölble*, DÖV 1969, 25, 27 und 34.

[37] *Wolff*, Verwaltungsrecht I, § 2 II a. Treffend bemerkt *Luhmann*, in seiner Würdigung des Werkes von *Bischofsberger*, Durchsetzung und Fortbildung betriebswirtschaftlicher Erkenntnisse in der öffentlichen Verwaltung, daß die Verwaltung als System mit Beziehungen zur Umwelt, vor allem: zum Publikum, zur Politik, und zu den Persönlichkeitsinteressen der arbeitenden Bediensteten, zum Problem werde (*Luhmann*, VerwArch. Bd. 56, 303 ff.).

[38] Zum Problem der „menschlichen Welt" in der öffentlichen Verwaltung vgl. den gleichnamigen Beitrag von *Morstein-Marx*, VerwArch. 57, 1 ff. und die auf S. 9 Anm. 9 behandelte amerikanische Literatur. Ferner: *Loschelder*, VerwArch. 54, 230; *Luhmann*, VerwArch. 54, 210. Vom rein Soziologischen vgl. *Freyer*, Theorie des gegenwärtigen Zeitalters, Stuttgart 1955, S. 88 ff., ders., Festschrift für Carl Schmitt, Berlin 1959, S. 62/63.

[39] *Freund/Rehm*, Modernes Fürstenrecht, 1904; *Freund*, Die Regentschaft nach preußischem Recht, 1903; *Kempfe/Coermann*, Thronfolge, Staatslexikon 1912, Sp. 458.

VI. Einzelfragen der Gleichbehandlung durch die Verwaltung

gilt, wenn die Wahlhandlung zu keiner legitimen Mehrheit kommt. In diesen Fällen wird zwischen den beiden Bewerbern mit der höchsten Stimmenzahl eine Stichwahl durchgeführt.

Haben mehrere Bewerber gleich hohe Stimmenzahl, oder führt die Stichwahl zu Stimmengleichheit, so ist im ersteren Fall durch Los zu entscheiden, wer in die Stichwahl kommt, im letzteren, wer von den aus der Stichwahl stimmengleich hervorgegangenen Kandidaten als gewählt anzusehen ist[40]. Niemand dürfte auf die Idee kommen, den Kandidaten als gewählt anzusehen, dessen Stimmen zuerst ausgewählt waren, oder der sich zuerst zur Kandidatur aufstellte, obschon diese Kriterien dem Prioritätsgrundsatz entsprechen würden.

Es zeigt sich hier ein doppeltes: je näher die Verwaltungshandlung durch demokratisches Verfahren gekennzeichnet ist, um so mehr gilt der Grundsatz egalitärer Chancengleichheit, wenn die Willensbekundung nicht schlüssig ist. Auch hier scheint — im Gegensatz zur Entscheidung über mehr als 1000 Anträge — der Chancengleichheit der Weg geebnet zu werden. Auch würde die Beobachtung von Tocqueville[41] bestätigt, daß um so mehr Gleichheit verlangt wird, je mehr die Ausgangspositionen (hier die Stimmengleichheit) egalisiert sind.

2. Chancengleichheit und Verwaltungsverfahren

a) Der Musterentwurf für ein Verwaltungsverfahrensgesetz (EVwVerfG 1963)

Der Musterentwurf zu einem Verwaltungsverfahrensgesetz enthält keine ausdrückliche Bestimmung, ob bei der Entscheidung der zuständigen Verwaltungsbehörde der Prioritätsgrundsatz oder der Satz der Chancengleichheit zu beachten ist[42]. Auch die zahlreichen Stellungnahmen zum Musterentwurf äußern sich hierzu nicht, obschon die aufgeworfene Frage von grundsätzlicher Bedeutung ist.

---

[40] Vgl. die Gemeindeordnungen von: Baden-Württemberg, 25. 7. 1955, GBl S. 129, § 37 Abs. 7 S. 4; Bayern, 25. 1. 1952, GVBl S. 19, Art. 51 Abs. 3 S. 5; Bremerhaven, 4. 11. 1947, GBl 81, § 34 Abs. 3 S. 3; Hessen, 25. 2. 1952, GVBl 11, § 55 Abs. 1 S. 1 und Abs. 4; Niedersachsen, 4. 3. 1955, GVBl 55, § 56 Abs. 2 S. 4; Nordrhein-Westfalen, 28. 10. 1952, GV.NW. S. 283, § 32 Abs. 2 letzter Satz; Rheinland-Pfalz, 5. 10. 1954, GVBl S. 117, § 36, Abs. 2 S. 4; Schleswig-Holstein, 24. 1. 1950, GVBl S. 25, § 40 Abs. 2 S. 2 und Abs. 3, letzter Satz. Nachrücken von Ersatzleuten: Fundstelle 1968, Nr. 120.

[41] *Tocqueville*, De la Démocratie en Amérique, II, 4, 3 in der deutschen Ausgabe von *S. Landshut*, Das Zeitalter der Gleichheit, Stuttgart 1954, S. 71.

[42] EVwVerfG 1963, Bonn 1963; Begründung S. 73/74. Der Verzicht des Entwurfs auf allgemeine Verwaltungsrechtsgrundsätze ist jedenfalls bei allgemeinen Verfahrensgrundsätzen sehr zu bedauern.

VI. Einzelfragen der Gleichbehandlung durch die Verwaltung 85

b) *Untersuchung einiger Grundsätze des EVwVerfG 1963*

Dennoch enthält der Musterentwurf verschiedene Bestimmungen, die eine Stellungnahme zu unserem Problem auf der Grundlage des Entwurfes ermöglichen.

Hierzu gehören: § 12[43] über die Beteiligten, § 17[44] der Untersuchungsgrundsatz, § 18[45] Ermittlung des Sachverhalts und §§ 21[46] und 52[47] über die Anhörung der Beteiligten.

aa) Die Vorschriften über den Untersuchungsgrundsatz und die Ermittlung und Würdigung des Sachverhalts im förmlichen wie im nichtförmlichen Verfahren zeigen mit hinreichender Deutlichkeit, daß die zur Entscheidung zuständige Behörde sich nicht unter Berufung auf den Grundsatz der Priorität einer Gesamtwürdigung aller gestellten Anträge entziehen kann, weil wegen objektiver Zulassungsschranken nur die Entscheidungsvarianten zwei bzw. drei möglich sind. Auch die Anwendung oder Auslegung der zumeist unbestimmten Gesetzesbegriffe[48] verlangt

---

[43] Begründung zum EVwVerfG S. 103 ff.; *Ule/Becker*, Verwaltungsverfahren im Rechtsstaat, Köln 1964, S. 29, 35; *Koehler*, MDR 1964, 275; *Rietdorf*, DVBl 1964, 295, 298 und 301; *Baring*, DVBl 1965, 184; *Haueisen* betont, daß es keinen Grundsatz der Waffengleichheit im Verwaltungsverfahren gibt (*Haueisen*, DVBl 1966, 773).

[44] *Groschupf*, DÖV 1964, 190; *Thomas*, DÖV 1964, 362; *Rietdorf*, DVBl 1964, 296; *Feneberg*, DVBl 1965, 179; *Ule/Becker*, a.a.O., S. 11; Begründung zum EVwVerfG S. 118.

[45] Begründung zum EVwVerfG S. 188; *Thomas*, DÖV 1964, 362; *Groschupf*, DÖV 1964, 190; *Koehler*, MDR 1964, 275; *Feneberg*, DVBl 1965, 178; *Rietdorf*, DVBl 1964, 296/298.

[46] *Ule/Becker*, a.a.O., S. 40/41; *Thomas*, DÖV 1964, 363; *Schmitt-Lermann*, JZ 1964, 407; *Rietdorf*, DVBl 1964, 296, 298, 301; *Spanner*, DVBl 1964, 846/847; *Feneberg*, DVBl 1965, 179.

[47] *Kohler*, MDR 1964, 275; *Rietdorf*, DVBl 1964, 301; *Feneberg*, DVBl 1965, 179.

[48] Der Versuch, die unbestimmten Rechts- und Gesetzesbegriffe einer Gerichtskontrolle zu entziehen (vgl. den Begriff der Einschätzung bei *Fellner*, DVBl 1966, 161, der eine neue Variante des Beurteilungsspielraumes, der Trennung zwischen Begriffshof und Begriffskern, Begriffszentrum und Begriffsperipherie oder der Vertretbarkeitskontrolle darstellt) geht im Grunde genommen auf die Schwierigkeiten eines verifizierbaren Sachentscheidungsverfahrens zurück. Wenn die Rechtsprechung, so BVerfGE 6, 42; 9, 148; 11, 191; BVerwGE 11, 139; 17, 322 den Beurteilungsspielraum mehr und mehr ablehnt, und das Schrifttum, teils die logische Unmöglichkeit betonend (*Wolf*, NJW 1961, 9; *Menger*, VerwArch. 1962, 284), teils rechtsstaatliche Bedenken aussprechend (*Huber*, Festgabe für Giacometti 1953, S. 66; *Maunz/Dürig*, RdNr. 90 und 91 zu Art. 20 GG) hiergegen angeht, wird noch übersehen, daß das Problem in der Verifizierbarkeit des Erkenntnisvorganges und in der Festlegung allseitig verbindlicher Handlungsmaximen liegt, worüber auch der Regreß auf den Sachverständigen nicht hinweghilft. Vgl. auch *Schrödter*, DVBl 1966, 158; *Korbmacher*, DVBl 1965, 696; vgl. auch *Czermak*, DVBl 1966, 366. Zum Begriff des Nichtnachvollziehenkönnens und der Nichtvertretbarkeit vgl. *Jaeger*, DÖV 1966, 779 in Auseinandersetzung mit *Kellner*, NJW 1966, 857,

VI. Einzelfragen der Gleichbehandlung durch die Verwaltung

die Würdigung aller Anträge und die Auswahl der geeigneten Bewerber. Es gibt also keine Einschränkung des Untersuchungsgrundsatzes durch das Prioritätsprinzip. Problematischer ist jedoch die Auswahl unter gleichwertigen Bewerbern, weil hier der Untersuchungsgrundsatz und die Ermittlung des Sachverhaltes zu keiner eindeutigen Entscheidung führen könnte. Kann nun das Auswahlermessen der Behörde frei zwischen der Anwendung des Prioritätsgrundsatzes oder der chancengleichen Losentscheidung wählen?

bb) Die Vorschriften über das Anhören von Beteiligten in § 21 und beim förmlichen Verfahren in § 52 lassen dagegen einen indirekten Schluß auf die Anwendung des Prioritätsprinzips oder des Gleichheitsgrundsatzes[49] zu. Allerdings ist der Musterentwurf nicht dem Vorschlag der Kommission gefolgt, der die Anhörung und damit die Gleichheit vor der Behörde zu einer Muß-Vorschrift machen wollte. Die Kritik von Ule/Becker[50] ist nicht unberechtigt. Nicht nur im förmlichen Verwaltungsverfahren, sondern auch im nichtförmlichen entspricht die Anhörung der Beteiligten, in deren Rechte eingegriffen werden soll, dem Grundsatz behördlicher Neutralität, Sachlichkeit und Chancengleichheit. Das letztere spielt vor allem dort eine bedeutende Rolle, wo mehrere Antragsteller untereinander konkurrierend der Behörde gegenüberstehen[51]. Die Gleichheit vor der Behörde aus der Menschenwürde[52] abzuleiten, wäre allerdings eine Überforderung von Art. 1 GG und hätte keine Aussagekraft gegenüber dem Prioritätsprinzip, geschweige denn verdrängende Wirkung. Die Ablehnung der Gleichheit vor der behördlichen Entscheidung wegen der Beschränkung des rechtlichen Gehörs auf das gerichtliche Gehör würde nicht nur an der extensiv interpretierenden

---

der von einer dem „Gesetz immanenten Beurteilungsermächtigung" spricht. Vgl. ferner *Rupp,* Grundfragen der heutigen Verwaltungslehre, 1965, S. 219 und *Kopp,* DÖV 1966, 318. *Schmidt/Salzer,* a.a.O., S. 65 und 76 ff. löst das Problem der Verifizierbarkeit mit der prozessualen Theorie des Beurteilungsspielraumes. *Waltner,* Die gerichtliche Überprüfbarkeit von Verwaltungsentscheidungen im Rahmen des sogenannten Beurteilungsspielraumes, Jur. Diss., München 1968, S. 222 ff. *von der Groeben/Knack,* Allg. VerwGesetz für das Land Schleswig-Holstein, Köln 1968, Anm. 2 zu § 83.

[49] Das BVerfG sieht in Art. 103 GG einerseits eine Leitlinie für die Ausgestaltung des rechtlichen Gehörs in den Verfahrensgesetzen, andererseits unmittelbares Grundrecht, wobei das Verhältnis des Konkretisierungsbedürftigen zum Konkretisierten in der Schwebe bleibt (BVerfGE 9, 95/97). Der Untersuchungsgrundsatz — das muß auch für das verwaltungsgerichtliche Verfahren gelten — steht dem rechtlichen Gehör nicht entgegen (BVerfGE 7, 57; 7, 281; 10, 182; 17, 361). Zur Geltung des rechtlichen Gehörs im Verwaltungsverfahren vgl. die Nachweise bei *Ule/Becker,* a.a.O., S. 38, Anm. 122 und 124.

[50] *Ule/Becker,* a.a.O., S. 37 ff.

[51] Entgegen *Haueisen,* DVBl 1966, 773 wird man in diesen Fällen von einem Grundsatz der Waffengleichheit mit Nachdruck sprechen müssen.

[52] *Wintrich,* BayVBl 1957, 137 ff.; *Maunz/Dürig,* RdNr. 36 zu Art. 1 Abs. 1 GG und RdNr. 5 zu Art. 103 GG. Vgl. auch BVerfGE 9, 95, sowie *Ule/Becker,* a.a.O., S. 38, Anm. 126.

VI. Einzelfragen der Gleichbehandlung durch die Verwaltung

Rechtsprechung des BVerwG[53] vorbeigehen, sondern auch übersehen, daß es eines solchen Umweges gar nicht bedarf, weil das Gebot behördlicher Gleichbehandlung oder Gleichheit vor der behördlichen Entscheidung unmittelbar aus dem die Verwaltung bindenden Gleichheitssatz hervorgeht.

Der Prioritätsgrundsatz kann dagegen, selbst wenn man ihn rechtsstaatlich als vom Prinzip der Rechtssicherheit[54] gefordert ansieht, keine grundrechtliche Verstärkung erfahren. Es handelt sich also nicht wie das BVerwG[55] meint, um die Auswahl von zwei dem Prinzip der Rechtssicherheit gegenüber gleichwertigen Handlungsmaximen; vielmehr muß die Verwaltung bei gleicher Ausgangslage, also nach allseitiger Prüfung und gegenseitiger Abwägung, dem Chancengleichheitsprinzip den Vorrang geben.

cc) Dadurch wird auch die Neutralität der konkurrenz- oder streitentscheidenden Behörde[56] unterstrichen. Greift ein unterlegener Antragsteller an, so ist die Behörde in der Lage nachzuweisen, daß die Auswahl rein objektiv erfolgte. Denn bei der Berufung auf die Priorität müßte die Behörde — vor allem bei Ausschreibungen[57] — immer mit dem gerechtfertigten oder ungerechtfertigten Einwand rechnen, daß einzelne Bewerber früher als andere von dem Vorhaben Kenntnis erlangt haben.

dd) Verlangt also die Soll- bzw. die Mußvorschrift über die Beteiligung am Verfahren die Anwendung der Chancengleichheitsmaxime, weil sonst die Beteiligung nur zu einer rein formalen herabsinken würde, so muß dieses Prinzip auch dort eine Einschränkung erfahren, wo der Prioritätsgrundsatz dem Gleichheitsgebot entspricht. Das heißt, daß Anträge, die zeitlich ein oder mehrere Jahre auseinanderliegen, nicht als untereinander gleichwertig anzusehen sind.[58]

---

[53] Vgl. BVerwG, DVBl 1958, 174 und DVBl 1959, 777 sowie BVerwG 16, 289/291, sowie *Bachof*, JZ 1966, 229 und Nr. 191 f. *Groeben/Knack*, a.a.O., RdNr. 1 zu § 87.

[54] Es liegt bei der Wahl zwischen Priorität und Chancengleichheit kein Abwägen zwischen Rechtssicherheit und Einzelfallgerechtigkeit vor, weil beide Verfassungsmaximen vom Standpunkt der Gerechtigkeit gleichwertig sind. Eine Wahl kann deswegen dem Gesetzgeber nicht eingeräumt werden, wie dies die Rechtsprechung des BVerfG bei der Kollision von Rechtssicherheit und Einzelfallgerechtigkeit zu tun pflegt (BVerfGE 3, 237; 15, 319 unter Hinweis auf 1, 52; 4, 155; 11, 253. *Leibholz/Rinck*, RdNr. 26 zu Art. 20 GG). Dies erkennt das BVerwG in seiner Entscheidung BVerwGE 16, 190.

[55] BVerwGE 16, 190.

[56] BVerwGE 7, 73. *Wolff* bezeichnet sie materiell als Rechtsprechungsakte (*Wolff*, Verwaltungsrecht I, § 19 I VwGO).

[57] Vgl. BVerwGE 14, 65, ergänzt durch BVerwG, U. v. 5. 10. 1965, MDR 1966, 536; BayVerfGH, E. v. 20. 7. 1966, DVBl 1966, 758.

[58] Diese Frist kann nur eine Ordnungsfrist sein (OVG Koblenz, U. v. 10. 3. 1965, DVBl 1966, 319), so daß die Behörde auch spätere Bewerber berücksichtigen kann; vgl. aber OVG Lüneburg, U. v. 23. 2. 1965, DVBl 1965, 535.

VI. Einzelfragen der Gleichbehandlung durch die Verwaltung

Allerdings ist bei den Ausschlußfristen, die unter dem Gesichtspunkt der Chancengleichheit von besonderer Bedeutung sind, zwischen materiell-rechtlichen prozessualen und verwaltungsverfahrensrechtlichen zu unterscheiden. Nur bei der materiell-rechtlichen Ausschlußfrist wird der materielle Anspruch, bei den anderen Fristen dagegen nur das Recht auf Prüfung präkludiert. Innerhalb der Ausschlußfristen müssen alle Anträge gleich behandelt werden, und auch die Erstreckung der Ausschlußfrist steht unter dem Gesichtspunkt der Chancengleichheit für die Geltendmachung. Die immer stärker werdende Kritik gegenüber der Zulässigkeit der Präklusion materieller Rechte, welche vorwiegend unter dem Gesichtspunkt von Art. 19 Abs. 4 GG geführt wird, findet in der Idee der Chancengleichheit eine gewisse Rechtfertigung. Die Ausschlußfristen müssen diesem Prinzip mehr Rechnung tragen und gegebenenfalls eine Durchbrechung zugunsten des Gleichheitssatzes erleiden. Das zur Chancengleichheit konkretisierte Gleichheitsgebot hat also nicht nur innerhalb des Fristenlaufes Wirkung, sondern beeinflußt auch die Fristerstreckung und, unter bestimmten Voraussetzungen, die Zulässigkeit der Präklusion.

VII. Prozeßgleichgewichte und Chancengleichheit

1. Der staatsrechtliche Gleichgewichtszustand

Die Vorstellung, daß in einem Staatsgebilde Gleichgewichtsverhältnisse bestehen oder geschaffen werden müssen, ist nicht neu. Die Fortbildung des Gewaltenteilungs- und Hemmungsprinzips zu einem Grundsatz der Ausbalancierung hat dem historisch belasteten Gedanken der Gewaltenteilung neues Leben eingehaucht. Die verschiedenen Staatsgewalten, Bund und Länder zueinander sollen ein ausgeglichenes Machtverhältnis, eine Balance zwischen Kompetenzen und Funktionen bewirken. Dabei wird dem föderalistischen Prinzip eine neue Funktion, nämlich die Aufgabe des Ausgleichs und der Ausbalancierung zwischen Regierung und Opposition — die sich auf Landesebene etabliert — und zwischen den Landesministerialverwaltungen, die über den Bundesrat zu Worte kommen, zugewiesen. Jedes Über- oder Ungleichgewicht zwischen Bund und Ländern würde das Staatsmodell des unitarischen Bundesstaates oder auch des kooperativen Föderalismus ins Schwanken bringen. Die Idee der Ausbalancierung und der Gleichgewichtsregelungen basieren auf der Vorstellung formaler Chancengleichheit zwischen den einzelnen Gliedern des Bundes untereinander und in ihrer Gesamtheit zum Bunde selbst.

2. Ungleichgewichte Staat—Gesellschaft und das gesamtwirtschaftliche Gleichgewicht

Demgegenüber war das Verhältnis Staat—Gesellschaft durch Nichtidentifikation auf der einen, und Ungleichgewicht (Subordination) auf der anderen Seite gekennzeichnet. Ihren verfassungsrechtlichen Ausdruck fand dies in dem Postulat der verfassungsrechtlichen Neutralität gegenüber der Wirtschaft. Dieses Neutralitätsverhältnis ist durch eine Änderung der Verfassung an ihr Ende gelangt und die Beziehungen Staat—Gesellschaft—Wirtschaft werden durch Prinzipien charakterisiert, die als Ausbalancierung unter Schaffung von Gleichgewichtszuständen durch ein Instrumentarium konzertierter Aktion gekennzeichnet werden kann. Grundlage für diese Änderung ist auf Verfassungsebene die Neufassung des Art. 109 Abs. 2 GG durch das 15. Änderungsgesetz zum GG.

a) Der Begriff des gesamtwirtschaftlichen Gleichgewichts

Nach der Einfügung des neuen Art. 109 Abs. 2 GG, der als verfassungsrechtliche Pflicht das Erfordernis des gesamtwirtschaftlichen Gleichgewichts aufstellt, kann von einer Wende des Wirtschaftsverfassungsrechts gesprochen werden[1]. Bund und Länder sollen das gesamtwirtschaftliche Gleichgewicht zwar nicht durch Globalsteuerung aller wirtschaftlichen Daten herbeiführen, sondern es sollen nur die öffentlichen Haushaltswirtschaften[2] als Teil des Wirtschaftskreislaufes in den ökonomischen Gesamtablauf miteinbezogen werden[3].

Der Begriff des gesamtwirtschaftlichen Gleichgewichts ist aus der ökonomischen Terminologie in die Begriffswelt der Verfassung übernommen worden, obschon er selbst in der Volkswirtschaft keineswegs geklärt ist[4]. Ob der Grundsatz des gesamtwirtschaftlichen Gleichgewichts auch schon als Verfassungsauftrag aus anderen Einzelnormen oder aus der Gesamtkonzeption des Grundgesetzes hergeleitet werden kann, ist in diesem Zusammenhang nicht von Bedeutung[5]. Die Beantwortung dieser Frage würde nur dazu führen, die Institutionalisierung des magischen Vierecks durch Art. 109 Abs. 2 GG als konstituierend oder als deklaratorisch zu bezeichnen[6].

b) Verfassungsrechtliche Probleme eines „dynamisierten" Gleichheitssatzes

Inhalt dieses gesamtwirtschaftlichen Gleichgewichts ist es, die Konjunkturschwankungen zu nivellieren, also eine Gleichförmigkeit des wirtschaftlichen Entwicklungsprozesses herzustellen. Insofern könnte die Institutionalisierung eines gesamtwirtschaftlichen Gleichgewichts als Dynamisierung des Gleichheitssatzes aufgefaßt werden. Es würde die Funk-

---

[1] *Zuck*, NJW 1967, 1301. *D. Wolf*, Stabilitätspolitik im Bundesstaat, Jur. Diss., München 1968. Ich möchte in diesem Zusammenhang auch Herrn Wolf für Anregung und Mitarbeit danken.

[2] Ob die in § 1 S. 1 StabG angesprochenen wirtschafts- und finanzpolitischen Maßnahmen allerdings von dem in Art. 109 n. F. gebrauchten Begriff „Haushaltswirtschaft" gedeckt sind, erscheint zweifelhaft. Vgl. auch *Zuck*, NJW 1967, 1303, Fußnote 46.

[3] Vgl. auch *Stern*, NJW 1967, 1837 zum Verhältnis der Globalsteuerung und Planung.

[4] Vgl. Prof. *Schiller* vor dem BTag am 14. 9. 1966, Sten. Ber. S. 2672; eine vom Bundestag vorgeschlagene Definition wurde nicht ins StabG aufgenommen, vgl. BTag-Drucks. V/890, Anl. 4, S. 24; vgl. ferner *Stern/Münch*, Gesetz zur Förderung der Stabilität und des Wachstums der Wirtschaft, Stuttgart, Berlin, Köln, Mainz 1967, Komemntar, S. 34, S. 59.

[5] Vgl. *Ipsen* in VVdStRL 24, 222 (Diskussion); vgl. auch *Stern*, DÖV 1967, 659.

[6] So auch *Kölble*, NJW 1966, 474; *Stern*, DÖV 1967, 659.

VII. Prozeßgleichgewichte und Chancengleichheit

tion des Gleichheitssatzes in der Gestalt der Chancengleichheit aus seiner punktuellen Bedeutung gegenüber dem jeweiligen Gesetzgebungsakt oder den Maßnahmen von Verwaltung und Rechtsprechung in einen dynamischen Verfassungsauftrag umformulieren. Die konjunkturelle Ungleichheit im Wechsel zwischen Depression und Inflation würde zu einem chancengleichen Prozeßgleichgewicht wirtschaftlicher Prosperität umgemünzt werden[7]. Dieses gesamtwirtschaftliche Gleichgewicht soll erreicht werden durch Erhaltung des Geldwertes bei hohem Beschäftigungsstand, außenwirtschaftlichem Gleichgewicht und angemessenem Wirtschaftswachstum[8]. Mißt man diese Verankerung des gesamtwirtschaftlichen Gleichgewichts an Hand der Verfassung, so könnte es den Anschein haben, daß vom Gleichheitssatz her weder gegenüber der Geldwertsstabilität noch gegenüber dem Wirtschaftswachstum Bedenken erhoben werden könnten. Ganz im Gegenteil, der Einsatz der finanzpolitischen Mittel könnte als verfassungsrechtliches Agens, als Aktionsermächtigung für wirtschaftsgestaltende Tätigkeit[9] aus dem Gesichtspunkt der sozialen Gerechtigkeit als gefordert anzusehen sein. Eine konjunkturell ausgerichtete Finanzpolitik würde als Steigerung der sozialen Gerechtigkeit gleichzeitig die soziale Chancengleichheit konkretisieren.

aa) Bedenken könnten allenfalls aus dem ausgeglichenen Haushalt hergeleitet werden, der in Art. 110 Abs. 2 S. 2 GG als statische Balancierungsnorm verankert ist[10]. Hier tritt eine klassische Balancierungsidee statischer Art der modernen Vorstellung von Prozeßgleichgewichten oder dynamischen Ausbalancierungen entgegen. Der Grundsatz der Ausgeglichenheit des Haushaltes[11] ist aber kein Verbot jeder Kreditwirtschaft, so daß die Zulässigkeit eines deficit-spending letztlich nur von der Frage abhängt, ob es sich bei der konjunkturwirksamen Ausgabe um einen außerordentlichen Betrag handelt[12]. Auch die Thesaurierungspolitik wird durch Art. 110 Abs. 2 S. 2 GG nicht betroffen[13].

bb) Andere verfassungsrechtliche Bedenken gegen die verfassungsrechtliche Verankerung des gesamtwirtschaftlichen Gleichgewichts, ins-

---
[7] Vgl. BTag-Drucks. V/890, S. 8; vgl. auch *Stern/Münch*, a.a.O., S. 36 und *Jöhr*, Konjunktur in HdSW, Bd. 6, S. 125.
[8] Vgl. BTtg-Drucks. V/890, S. 8; vgl. auch *Stern/Münch*, a.a.O., S. 36.
[9] *Stern*, Rechtsfragen der öffentlichen Subventionierung Privater, JZ 1960, 523, sowie *Hettlage*, Die Finanzverfassung im Rahmen der Staatsverfassung in VVdStRL, Heft 14, S. 32.
[10] Vgl. *Maunz/Dürig*, Grundgesetz, Kommentar, München und Berlin 1966, Art. 110, RdNr. 20; *Neumark*, Grundsätze der Haushaltsführung und Finanzbedarfsdeckung, S. 614.
[11] Vgl. *von Mangoldt*, Das Bonner Grundgesetz, Kommentar, Berlin 1953, S. 588; *Maunz/Dürig*, a.a.O., Art. 110, RdNr. 25.
[12] Vgl. *Vialon*, Haushaltsrecht, Berlin 1959, S. 204; *Wacke*, Das Finanzwesen der Bundesrepublik, Tübingen 1950, S. 83; *Maunz/Dürig*, a.a.O., Art. 115, RdNr. 10.
[13] Vgl. z. B. *Hettlage*, a.a.O., S. 6 f.

besondere im Hinblick auf die Geldwertsstabilität können ganz sicher nicht aus Art. 14 GG hergeleitet werden als Schutz von einer staatlich inaugurierten Währungsverschlechterung[14]. Hier versagt diese Bestimmung genauso, wie sie gegenüber der steuerstaatlichen Aktivität nicht in Anspruch genommen werden kann. Die Aufgabe der Währungssicherung[15] stellt allerdings eine beachtliche Schranke dar, die als mittelbare Auswertung auch den Bereich des Art. 14 GG abschützt.

cc) Auch gegen die Vollbeschäftigung und das Wirtschaftswachstum lassen sich aus dem Grundgesetz keine entgegenstehenden Normen entnehmen. Ganz im Gegenteil, solange das GG mit dem Bekenntnis zu einer sozialstaatlichen Ordnung[16] schon nach überkommenem Recht die Aufgabe, nicht nur die materielle Existenz des Menschen zu sichern, sondern darüberhinaus die gesellschaftlichen und wirtschaftlichen Grundbedingungen an die sich wandelnden Vorstellungen sozialer Gerechtigkeit und Teilhabe anzupassen[17] hat. Dieser Teilnahme gewährende Sozialstaat[18] wird in der europäischen Sozialcharta vom 18. 10. 1961 mit der Formulierung angesprochen „toute personne doit avoir la possibilité de gagner sa vie par un travail librement entrepris"[19].

3. Chancengleichheit oder Diskrimnierung durch Globalsteuerung

Die Vorstellung, daß das gesamtwirtschaftliche Gleichgewicht als Ausprägung oder Folgerung der Sozialstaatlichkeit anzusehen ist, hatte die vorschnelle Beurteilung hervorgerufen, als sei der Grundsatz der Chancengleichheit durch das gesamtwirtschaftliche Gleichgewicht nicht nur unverletzt, sondern geradezu verwirklicht, indem punktuelle Chan-

---

[14] *Schüssler*, NJW 1964, 951, ferner *Weber* in VVdStRL, Bd. 14, S. 83 f. (Diskussion).
[15] Vgl. *Maunz/Dürig*, a.a.O., RdNr. 10 u. 11 zu Art. 88; *v. Spindler/Becker/ Starke*, Die deutsche Bundesbank, Grundzüge des Notenwesens und Kommentar zum Gesetz über die Errichtung der deutschen Bundesbank, S. 95. BVerfGE 9, 327.
[16] Inwieweit Art. 20 Abs. 1 GG primären Aussagecharakter und Art. 28 Abs. 1 nur sekundären hat, ist ziemlich gleichgültig, vgl. *Werner Weber*, Verfassungsrechtliche Grenzen sozialstaatlicher Forderungen in: Der Staat, Bd. 4, 1965; a. A. *Ridder*, Zur verfassungsrechtlichen Stellung der Gewerkschaften im Sozialstaat nach dem Grundgesetz für die Bundesrepublik Deutschland, Stuttgart 1960, S. 5. Zur Entstehungsgeschichte vgl. im einzelnen den Bericht bei *v. Doemming* u. a. in JÖR, Bd. 1, S. 195 f.
[17] So *Stern* in: Ev. Staatslexikon, Sp. 2097. Staat und Gesellschaft stehen sich heute nicht mehr als Gegner gegenüber. Vielfach werden beide Begriffe synonym gebraucht und der Staat als verfaßte Gesellschaft angesehen. vgl. auch *Stern* in Ev. Staatslexikon, Sp. 2092.
[18] Vgl. *Forsthoff* in VVdStRL, Bd. 12, S. 8 f. und in Verfassungsprobleme des Sozialstaates, Münster 1954, S. 3; ferner *v. Mangoldt/Klein*, S. 609 und *Stern* in Ev. Staatslexikon, Sp. 2097.
[19] Abgedruckt in ArchVölkR, Bd. 10 (1963), S. 335 f.

cengleichheit als dynamische und kontinuierliche Gleichheit im Sinne eines Prozeßgleichgewichts gewährt werde. Diese Auffassung ist aber oberflächlich und bei näherer Betrachtung irreführend. Denn die Herstellung von Prozeßgleichgewichten durch globale Steuerung hat mit individueller Gleichheit oder Chancengleichheit als Grundrecht recht wenig zu tun, ja vermag im einzelnen sogar das Gleichheitsrecht zu beeinträchtigen. Dies kann auf verschiedene Weise geschehen.

a) Ungleichheit der Chancen als Mittel der Globalsteuerung?

Es taucht die Frage auf, ob die Globalsteuerung gegenüber der beteiligten Wirtschaft dem Gleichheitssatz unterworfen ist. Die Bindung an diese Grundstruktur staatlichen Handelns wird dadurch überspielt, daß die Globalsteuerung gar nicht in das Feld rechtlich verfestigter Positionen eingreift, sondern im Vorfeld der Bedingungen und Chancen operiert. Es wird deshalb gerade der materielle Aspekt des Chancengleichheitsprinzips angesprochen, wenn verlangt wird, daß die staatlichen Steuerungsmaßnahmen auch das vorrechtliche Chancenfeld unter dem Aspekt der Gleichheit zu berücksichtigen haben[20]. Nun erscheint die Globalsteuerung, wie vor allem auch die konzertierte Aktion gar nicht mehr als staatliches Handeln, sondern als Vergesellschaftung der Staatstätigkeit. Ist dem so, dann ist die Konsequenz Wagners zutreffend, daß die marktwirtschaftlichen Handlungsmuster ohne weiteres auf die staatliche Globalsteuerung umschlagen. Das Prinzip der Ungleichheit als Medium des privat-wirtschaftlichen Marktes müßte dann geradezu vom Staat als Diskriminierungsgebot übernommen werden. Das Chancengleichheitsgebot wäre von einem solchen Blickpunkt her nicht deshalb unbeachtlich, weil es rechtlich irrelevante Positionen erfasse, sondern weil Gleichheit als staatliche Maxime durch Vergesellschaftung des staatlichen Handelns aufgehört hat, ein verbindliches Postulat zu sein[21].

---

[20] *Stern* kommt in seinem Gutachten für den 47. DJT zu einer eingehenden Betrachtung der Schranken der Konjunktursteuerung, unter welchen er Rechtsstaatlichkeit, Gesetzesvorrang- und Vorbehaltlichkeit, Übermaßverbot und Demokratiegebot u. a., nicht aber den Gleichheitssatz betrachtet. Unter dem Gesichtspunkt des Vorranges wird auch nicht derjenige der Verfassung, sondern des Gesetzes untersucht. Eine besondere Betrachtung des Gleichheitssatzes findet nicht statt. *Stern*, Konjunktursteuerung und kommunale Selbstverwaltung, Gutachten für den 47. DJT, München 1968, E 32—46.

[21] *Heinz Wagner*, Öffentlicher Haushalt und Wirtschaft, Leitsatz II 17/3 und II, 15 a und b, Tagungsbericht über die Staatsrechtslehrertagung in Bochum von *Rüfner*, DVBl 1969, 21/24 f. Auch bei der Diskussion wurde zwar anerkannt, daß die Grundrechte gegenüber der Wirtschaftslenkung weithin versagten, es wurde aber von *Bachof*, *Schaumann* und *Fuß* Kritik an der Auffassung geübt, daß die Übertragung des Marktmechanismus auf den Staat die Grundrechte beiseite schieben dürfe. Im makroökonomischen Bereich wurde von *Fuß* die Fortgeltung des Willkür- und Übermaßverbotes und von *Zacher* die Grundrechtsbindung schlechthin postuliert (*Rüfner*, Tagungsbericht, a.a.O., S. 26).

b) *Privilegierung durch Globalsteuerung?*

Es ist zutreffend bemerkt worden, daß die Effektivität von Globalsteuerungsmaßnahmen davon abhängt, das in der bisherigen Subventionswirtschaft gängige Gießkannenprinzip zu Gunsten einer gezielten — und deshalb diskriminierenden — Lenkungssubvention zu verlassen[22]. Verstärkt wird die Diskriminierung oder Ungleichheit dadurch, daß Zugang und Teilhabe an der konzertierten Aktion kanalisiert werden[23]. Dadurch entsteht eine doppelte Privilegierung, denn der beteiligte Verband erhält einen Informationsvorsprung vor dem nichtbeteiligten und das Mitgestaltungsrecht an den Steuerungsmaßnahmen. Der Vorteil der position déjà prise[24] wird sich von Steuerungsmaßnahme zu Steuerungsmaßnahme erhöhen, so daß sich sogar ein ungewolltes Ungleichgewicht derer, die dem closed shop angehören und jener, die nicht dabei sind, ergibt. Die Parallele zur 5 %/o Klausel und zur Parteienfinanzierung drängt sich geradezu auf[25]. Ist dieses Ungleichgewicht durch rechtliche Kontrollen nachprüfbar oder kontrollierbar? Wenn es in das freie Ermessen des Bundeswirtschaftsministers gestellt wird, wer an der konzertierten Aktion teilnimmt und wer nicht, wenn also auch hier das privatwirtschaftliche Modell der Vertragsfreiheit zur Anwendung gelangt, dann wird es einen Rechtsschutz des Nichtberücksichtigten nicht geben. Der Gleichheitssatz in seiner Gestalt als Willkürverbot könnte allenfalls in allerärgsten Fällen eine gewisse Kontrollfunktion ausüben. Die Ungleichheit entsteht aber nicht durch die erste Auswahl, sondern durch die Prämie auf die Macht, die von Maßnahme zu Maßnahme gesteigert wird und denen zugute kommt, die einmal ohne Verletzung des Willkürprinzips in den closed shop Aufnahme gefunden haben. Es wird schwierig sein, den Teilnehmerkreis zu korrigieren und die einmal Privilegierten werden bald auf einen Besitzstand pochen, den sie nicht preiszugeben gewillt sind[26].

c) *Korrekturmöglichkeit oder Umstrukturierung?*

Die Korrektur des mangelnden Rechtsschutzes erfolgt auf zweierlei Wegen: Durch Beeinflussung der staatlichen Behörde über die Verbände

---

[22] Wagner verweist in seinem Referat auf den Unterschied zwischen den Lenkungssubventionen und den herkömmlichen Globalsubventionen hin und beruft sich darauf, daß auch die US-Regierung bei der Entwicklung des Überschallflugzeuges sich zwischen Boing und Lockheed entscheiden mußte (*Wagner*, Öffentlicher Haushalt und Wirtschaft, a.a.O., S. 21 maschinenschriftlich).
[23] *Biedenkopf*, Rechtsfragen der konzertierten Aktion, BB 1968, 1005/1008.
[24] Dieser Begriff aus der Paretianischen Soziologie bezeichnet treffend den Kern des Anliegens: Chancengleichheit soll als égalité en fait die position déjà prise wieder öffnen. Zum Begriff „closed shop" vgl. *Biedenkopf*, a.a.O., S. 1008, Anm. 17.
[25] BVerfG, 3. 10. 1968, DÖV 1969, S. 60; BVerfG, 3. 12. 1968, NJW 1969, S. 179.
[26] *Biedenkopf*, a.a.O., S. 1008; *Möller*, Kommentar zum Gesetz zur Förderung

VII. Prozeßgleichgewichte und Chancengleichheit 95

und über die Anpassung der Unternehmerstrukturen an die Postulate rechtsstaatlicher Verwaltung. Die erste Korrekturmaßnahme zeigt sich auch bei den Unternehmungen, die in den Genuß der Lenkungssubventionen kommen, wenn es zu einer Spannung zwischen staatlicher Empfehlung und Subventionsentzug auf der einen und privatwirtschaftlichen Zielen auf der anderen Seite kommt[27]. Die Flucht in die Verbandstätigkeit wird aber für diejenigen keine Möglichkeit der Korrektur darstellen, die nicht über relevante Verbandsmitgliedschaft verfügen. Hier wird dann die Frage zu beantworten sein, ob die Hineinnahme privatwirtschaftlicher Unternehmungen in staatliches Handeln als Beleihung von Verbänden mit öffentlichen Aufgaben nicht korrigiert werden muß durch strukturelle Veränderungen des Unternehmensaufbaus[28]. Somit führt die Forderung nach demokratischer Legitimation der privilegierten Unternehmungen doch zu einem neuen Verständnis des Gleichheitssatzes zurück, so daß nur für eine Übergangszeit die Globalsteuerung im Namen des gesamtwirtschaftlichen Gleichgewichts Ungleichheit und Diskriminierung in die Wirtschaft bringt. Marktkonforme, weil privatwirtschaftlich orientierte Diskriminierungen würden im Namen des gesamtwirtschaftlichen Gleichgewichts zu einem janusköpfigen Staatsmodell führen, das, um ein Prozeßgleichgewicht zu schaffen, Ungleichheiten begründet und Privilegien verteilt. Mit der Strukturveränderung der privilegierten privatwirtschaftlichen Unternehmungen würde die Verletzung der Chancengleichheit korrigiert werden, die darin zu sehen ist, daß es im staatlichen Ermessen liegt, wer zum Kreis der privilegierten Informations- und Koordinationsträger gehören soll.

4. Die Interpretation des Prozeßgleichgewichtes als Rechtfertigung

Die Interpretation des Prozeßgleichgewichtes als Rechtfertigung chancenungleichen Verhaltens rückt die Frage in den Vordergrund, inwieweit nicht das gesamte Bund-Länderverhältnis als Prozeßgleichgewicht ver-

---

der Stabilität und des Wachstums der Wirtschaft, Hannover 1968, § 3 StabG, Anm. 3.
[27] Hierfür ist das Gesetz zur Anpassung und Gesundung des deutschen Steinkohlenbergbaus und der deutschen Steinkohlenbergbaugebiete vom 15. 5. 1968, BGBl I S. 365 von Interesse, vgl. auch *Biedenkopf*, a.a.O., S. 1010.
[28] Ein verwandtes Problem zeigt sich auf dem Gebiet des „Meinungsmarktes". Die Zugangsfrage erscheint hier unter dem Begriff der inneren Pressefreiheit oder institutionellen Garantie, die Frage des Vorsprunges stellt sich unter dem Gesichtspunkt der Wettbewerbsverzerrung durch Werbesendungen der öffentlich-rechtlichen Massenmedien. Vgl. hierzu: *H. Arndt*, Die Konzentration in der Presse und die Problematik des Verleger-Fernsehens, Frankfurt/M. 1967; *Baldus*, Konzentration auf dem Pressemarkt und kommunikationssoziologische Diskussion, Publizistik 1968, S. 101; *Glotz/Langenbucher*, Monopol und Kommunikation, ebd., S. 137; *Kieslich*, Wettbewerb der Massenmedien und Konzentration im Pressewesen, ebd., S. 180.

VII. Prozeßgleichgewichte und Chancengleichheit

standen werden muß und ob damit auch Ungleichgewichte sanktioniert werden.

In der Rechtsprechung wird die Anwendung des Chancengleichheitssatzes im Bund-Länderverhältnis für den sogenannten horizontalen Finanzausgleich verneint[29].

Auch wird von der Rechtsprechung eine Anwendung des Gleichheitssatzes als Bindung des Landesgesetzgebers gegenüber anderen Landesgesetzgebern abgelehnt[30].

Die Entwicklung innerhalb des Föderalismus in der Bundesrepublik zeichnet sich dadurch aus, daß formale Gleichheit der Gliedstaaten untereinander immer mehr abgebaut wird unter Zuhilfenahme der Interpretaionsgrundlage des Willkürverbotes. Damit verlieren aber die Länder gleichzeitig den Aspekt des Staatlichen und geraten in die Entwicklung zum unitarischen Bundesstaat[31]. Mit der Ablehnung schematischer Gleichheit wird die Betonung eines Prozeßgleichgewichtes verbunden, ohne daß man diesen Umstand bereits in aller Folgerichtigkeit erkannt hat. Elemente dieses Prozeßgleichgewichtes sind die Stärkung des Bundesrates und die Einflußnahme der Länderexekutiven auf die Bundesgesetzgebung[32]. So tritt die Umfunktionierung schematisch-statischer Gleichheit in ein dynamisches Prozeßgleichgewicht ein. Das Gleiche gilt auch für die Gemeinschaftseinrichtungen zwischen Ländern einerseits und Bund und Ländern andererseits. Mag hier zunächst noch unter dem Aspekt des sogenannten kooperativen Föderalismus[33] und des partnerschaftlichen Zusammenwirkens mehr oder weniger chancengleiches Zusammenwirken gemeint sein, so werden auch diese Einrichtungen oder die gesamte dritte Ebene aus der Chancengleichheit in Prozeßgleichheit oder Prozeßgleichgewichte umfunktioniert. Dies müßte bedeuten, daß von dem einzelnen Beteiligten weitgehend abgesehen, seine Chancengleichheit ungeschützt bleiben darf, wenn nur der gesamte Prozeß zwischen Ländern oder Bund

---

[29] BVerfGE 1, 140; 10, 382; 14, 75.
[30] BVerfGE 10, 371; 12, 143; 12, 324; 16, 24; 17, 331.
[31] *Hesse*, Grundzüge des Verfassungsrechts der BRD, 2. Aufl., Karlsruhe 1967, S. 91 und 184; *Herzog*, BayVBl 1966, 181.
[32] *Hesse*, a.a.O., S. 91; ders., Der unitarische Bundesstaat, 1962, S. 12.
[33] Gemeinschaftsaufgaben zwischen Bund, Ländern und Gemeinden, Schriftenreihe der Hochschule Speyer, Bd. 11, 1961. Föderalismus in der Verfassungsordnung der BRD, Verhältnis von Bund und Ländern, *Geiger*, in: Schriftenreihe der Hochschule Speyer, Bd. 33; *Groß*, Die verfassungsrechtliche Würdigung der Kooperationsformen bei Bund und Ländern, NJW 1967, 1001; *Herzog*, Zwischenbilanz im Streit um die bundesstaatliche Ordnung, JUS 1967, 193; *Hüttl*, Kooperativer Föderalismus und Gemeinschaftsaufgaben, DVBl 1967, 433; *Jahrreiß*, Die Gliederung des Bundes in Länder, in: Gedächtnisschrift H. Peters, Berlin 1967; *Kölble*, Finanzreform und Bundesstaatsprinzip, DÖV 1967, 1. *Kewenig*, Kooperativer Föderalismus und bundesstaatliche Ordnung, AöR 1968, 433.

VII. Prozeßgleichgewichte und Chancengleichheit

und den Ländern gleichgewichtig verläuft. Ob es sich hierbei auch um eine Übernahme marktwirtschaftlicher Modellvorstellungen von Gewichten und Gegengewichten handelt, muß unbeantwortet bleiben[34].

5. Gewaltenteilung und Gewaltenbalancierung

Auch das Gewaltenteilungsprinzip erscheint der modernen Staatsrechtslehre mehr und mehr unter dem Aspekt eines Gleichgewichtszustandes. Damit verläßt es die historisch überkommene Vorstellung von gegenseitiger Kontrolle und Mäßigung der Staatsfunktionen, wie sie noch zunächst von der Rechtsprechung des Bundesverfassungsgerichts verstanden wurde[35]. Aber schon in diese Entscheidungen mischen sich andere Konstruktionsprinzipien, die nichts mehr zutun haben mit der Montesquieuschen Vorstellung von der Sicherung der liberté d'âme durch sich gegenseitig arretierende Staatsgewalt. Das von der klassischen Gewaltenteilungslehre eingebaute Widerstandprinzip von Hemmung, Mäßigung und Kontrolle wird abgebaut und umgewandelt in eine gleichmäßige Verteilung von Gewichten, welche verhindern soll, daß ein Ungleichgewicht im Staate durch die Übergewichtigkeit der einen oder anderen Gewalt entsteht[36]. Im geometrischen Staatsmodell erscheinen Drei- und Zweiteilungen der Gewalten, bzw. der legislativen Befugnisse und der Exekutive als exakte Gleichberechtigung deshalb, weil diese Gewalten — abgesehen von der pouvoir judiciaire, der als en quelque façon nulle verstanden wurde — unterschiedlichen realen Mächten zugewiesen waren. Der Monarch auf der einen Seite stand mit der Exekutivgewalt den Ständegewalten als der Legislativgewalt gegenüber. Dies müßte eine exacta mutuaque aequalitas hervorrufen. Mit der Konzentration der Staatsgewalt beginnend mit Rousseau hatte diese exakte Gleichheitsvorstellung im Rahmen der Gewaltenteilung keinen Raum mehr, weshalb auch die neueren Interpretationen dem Gewaltenteilungsschema einen veränderten Sinn unterlegen[37]. Wenn man den Gewaltenteilungsgrundsatz heute mehr als Gewaltenbalance oder umgekehrt Gewaltenbalance durch Rechtsstaat, Gewaltenteilung, Bundesstaat und De-

---

[34] Siehe Anm. 21.
[35] BVerfGE 3, 247 und 7, 188.
[36] BVerfGE 9, 279 unter Hinweis auf 3, 247; 7, 188.
[37] *Hesse*, a.a.O., S. 178 ff., 183. W. *Weber*, Die Teilung der Gewalten als Gegenwartsproblem, in: Festschrift für Carl Schmitt zum 70. Geburtstag, 1959, S. 260 ff.; H. *Peters*, Gewaltentrennung in moderner Sicht, 1954, S. 23 ff.; W. *Kägi*, Von der klassischen Dreiteilung zur umfassenden Gewaltenteilung, in: Verfassungsrecht und Verfassungswirklichkeit, Festschrift für Hans Huber zum 60. Geburtstag, 1961, S. 164 ff. Vgl. demgegenüber P. *Schneider*, Zur Problematik der Gewaltenteilung im Rechtsstaat der Gegenwart, AöR 82, 1957, 9 ff. und *Bäumlin*, Der schweizerische Rechtsstaatsgedanke, Zeitschr. des Bernischen Juristenvereins 101, 1965, 94 ff.

mokratie herstellen will[38], so knüpft diese Vorstellung an die Idee der Chancengleichheit zwischen den politischen Kräften an[39]. Die Umfunktionierung der Gewaltentrennung in die Gewaltenbalancierung täuscht den Meistern dieses artistischen Kunststücks einen Gleichgewichtszustand vor, den man mit Chancengleichheit zu kennzeichnen versucht. Die tatsächlichen Unterschiede im Ausgangspunkt von Gesetzgebung, Verwaltung und Rechtsprechung sind jedoch so verschieden, daß weder von einer liberté en droit noch von einer liberté en fait gesprochen werden kann. Ob hinter dieser Gewaltenbalancierung wenigstens die Idee eines echten Prozeßgleichgewichets steht, kann mit guten Gründen vermutet werden. Prozeßgleichgewichte und Chancengleichheit sind aber wegen ihrer verschiedenen Strukturen, welche bei ersteren objektiv-rechtlicher, bei letzterer subjektiver Natur sind, zu andersartig. Die Auffassung, daß sich staatliche Tätigkeit in einem gleichgewichtigen Prozeß zu vollziehen hat, geht auf die statische Uniformitäts- und Symmetrielehre zurück, die man allzu leicht unter Berufung auf den „primitive sense of symmetry" als überholt zurückweist[40].

6. Parität als Balance oder Chancengleichheit

Auch der Paritätsgrundsatz[41] gehört zu den Strukturelementen des Staatsrechts, die sich von einer schematischen egalitären Gleichheitsvorstellung fortentwickelt haben zu einer Vorstellung, die mehr der chancengleichen Partnerschaft entspricht und einen Gleichgewichtszustand unter den Religionsgesellschaften einerseits und zwischen diesen und dem Staate andrerseits führen sollte. Insofern ist es gerechtfertigt, die beiden Hauptgrundsätze des Staatskirchenrechts als Gewissensfreiheit und Parität[42] zu kennzeichnen. Die Veränderungen, welchen der Paritätsbegriff unterworfen ist, zeigen sich deutlich in der Abkehr vom Paritätsschema der Weimarer Verfassung. Dies gilt sowohl für das Paritätsprinzip als Regulativ zwischen den Kirchen und Religionsgesellschaften, als auch

---

[38] *Hesse*, a.a.O., S. 185.
[39] *Jülich*, a.a.O., S. 95; Elemente dieser Ausbalancierung sind die verfassungsrechtlichen Verknüpfungen durch Mitwirkungs-, Mitsprache-, Widerspruchs- und Kontrollbefugnisse. Hierzu gehört auch Art. 19 Abs. 4 GG, sowie Art. 113 GG. Vgl. ferner VerfGH, U. v. 3. 10. 1968, DÖV 1969, 67 und *Henle*, Zum Notbewilligungsrecht des Finanzministers, DÖV 1969, 59.
[40] *Krüger*, Allgemeine Staatslehre, 2. Aufl., 1966, S. 99/101, insbesondere die Anmerkungen 73 und 86, sowie S. 415 und S. 35 zum Gleichgewicht des Schreckens; sowie S. 830 unter Hinweis auf BVerfGE 12, 205 (255) hinsichtlich der Gleichheit von Gliedstaaten.
[41] BVerfGE 19, 1; dazu *Hollerbach*, JZ 1965, 612 ff.; BVerfGE 19, 129. *Häberle*, DVBl 1966, 216 ff.; *Hollerbach*, JZ 1966, 270 ff.
[42] Zu diesem Ausdruck referiert *Obermayer*, Staatskirchenrecht im Wandel, DÖV 1967, 9 ff. = Staat und Kirche in der Bundesrepublik, hrsg. v. Quaritsch und Weber, Bad Homburg 1967, S. 389.

VII. Prozeßgleichgewichte und Chancengleichheit

für das Verhältnis Kirche und Staat. Art. 137 WRV wollte das egalitäre Paritätsschema, das unter der Herrschaft der kleinen Zahl — der zwei oder drei gleichberechtigten Kirchen — entstanden war, auf alle Religionsgesellschaften und Weltanschauungsvereinigungen ausdehnen[43]. Da Parität als Verdichtung der Gleichheitsidee immer nur unter der Herrschaft der kleinen Zahl möglich ist, war dieser Versuch von vorneherein zum Scheitern verurteilt. Deswegen sehen wir heute die Hinwendung zum Willkürverbotsdenken auch im Staatskirchenrecht, wenn man entweder die Ungleichheit der einzelnen Religionsgesellschaften überbetont[44], oder den Gleichheitssatz nur mittelbar — das heißt über die Bürger[45] — auf die Kirchen zur Anwendung bringt, oder schließlich das Über- und Unterordnungsverhältnis[46] erneut betont. Die Auflockerung der Parität ist somit ein Symptom der Auflösung der religiösen Landschaft in eine atomisierte Zahl von bekenntnismäßigen Assoziationen, deren Rechtsverhältnisse nur noch dem Willkürverbot unterstellt werden sollen. Hier würde die Idee der Chancengleichheit einen möglichen Ausweg bieten, da ihre Differenzierungsmöglichkeiten bei Vorliegen eines dringenden Grundes die schematische Starrheit der Parität vermeidet, ohne die Weitmaschigkeit des Willkürverbotes ins Spiel zu bringen.

---

[43] *J. Heckel*, Melanchton und das heutige deutsche Staatskirchenrecht, Festgabe E. Kaufmann, Stuttgart 1950 = Staat und Kirche in der Bundesrepublik, S. 18.
[44] *Hesse*, Der Bedeutungswandel der kirchenpolitischen Artikel der Weimarer Reichsverfassung, JÖR 1961, Bd. 10, S. 22 ff. = Staat und Kirche in der Bundesrepublik, S. 228 f.
[45] *Scheuner*, Kirche und Staat in der neueren deutschen Entwicklung, ZevKR, Bd. 7, S. 225 ff. = Staat und Kirche in der Bundesrepublik, S. 156 (186).
[46] *Obermayer*, a.a.O., S. 388; vgl. demgegenüber *Mikat*, Das kirchenpolitische System, in: Die Grundrechte IV, 1, 1960, S. 124 ff. = Staat und Kirche in der Bundesrepublik, S. 199 (202).

VIII. Der Standort der Chancengleichheit unter dem Aspekt der Staatsstruktur

Die von Leibholz akzentuierte Wandelbarkeit des Gleichheitssatzes legt es nahe, seine verschiedenen Interpretationen in Beziehung zur Staatsform zu setzen.

1. Identität von rechtsstaatlichem Gesetz und Gleichheit im liberalen Rechtsstaat

Identität von rechtsstaatlichem Gesetz und Gleichheit im liberalen Rechtsstaat führt zu einer Reduktion auf Rechtsanwendungsgleichheit. Der bürgerliche Rechtsstaat der liberalen Aera betonte die Gleichheit der Freien und die Freiheit der Gleichen. Ihm erschien das Postulat der Gleichheit als immanentes Merkmal des volks- oder parlamentsbeschlossenen Gesetzes. Diese Theorie wirkt noch nach in der petrifizierten Form des Art. 3 Abs. 1 GG, der von Gleichheit vor dem Gesetz spricht, also den Gleichheitssatz virtuell (Art. 1 Abs. 3 GG) auf die Rechtsanwendungsgleichheit beschränkt und damit die Rechtssetzungsgleichheit übergeht. Eine Nachwirkung dieser Auffassung findet sich vor allem bei Carl Schmitt. Der richtige Begriff der Gleichheit ist mit dem richtigen Begriff des Gesetzes (Art. 19 Abs. 1 GG) untrennbar verbunden. Auf zwei Thesen beruht die Ansicht von Carl Schmitt: die eine betrifft das begriffliche Verhältnis von Gleichheit und rechtsstaatlichem Gesetz, die andere folgert daraus das Verbot jeder Individualgesetzgebung[1].

2. Persönliche Rechtsgleichheit und Privilegierungsverbot als Sinngestalt des demokratischen Staatsbildes

Der demokratische Gesetzgebungsstaat sieht im Gleichheitssatz vor allem das Verbot der Privilegierung von Ständen oder anderen Machtgruppen. Die Gleichheit bleibt reduziert auf Rechtsanwendungsgleichheit und erscheint, wie bei Nawiasky, als Garantie der persönlichen Rechtsgleichheit im Gegensatz zur sachlichen Gleichheit[2]. Die Krisis des liberaldemokratischen Gleichheitsverständnisses wird augenscheinlich in der Theorie des Willkürverbotes, das sich auch gegen den Gesetzgeber wendet. Diese Auseinandersetzung hat noch bis in unsere Tage angedau-

---

[1] *Böckenförde*, Gleichheitssatz, S. 43/44. *Schaumann*, JZ 1966, 721.
[2] *Böckenförde*, Gleichheitssatz, S. 45 und Anm. 7.

ert und in Apelt und Thoma die letzten Vertreter einer streng gesetzlichen Theorie gefunden. Auch die Betonung des Willenselementes und der geringen Justiziabilität des Willkürverbotes bei Fuß zeigt die Prävalenz des Gesetzgebungsstaatsdenkens gegenüber den justizstaatlichen Konzeptionen. Diese Auffassung verkennt aber die Stellung des modernen Gesetzgebers, dessen Funktion nicht mehr die unbestrittene eines pouvoir neutre ist.

3. Formale Gleichheit und Chancengleichheit als Strukturmerkmale der pluralistischen Gesellschaft

Formale Gleichheit und Chancengleichheit werden in dualistischen oder pluralistischen „Rechtsgemeinschaften" gefordert, solange sich der Pluralismus der inkorporierten Institutionen unter der Herrschaft des Gesetzes der kleinen Zahl befindet. Die agonalen Elemente zwischen den rivalisierenden Gruppen der pluralistischen Gesellschaft verlangen Parität, Chancengleichheit schlechthin Gegenseitigkeit und damit eine égalité en fait et en droit. Dies beginnt bei der Rechtsgemeinschaft im Zeichen der Glaubenszweiheit und endet bei den Bekenntnisparitäten der Gegenwart, bei den Paritäten in der Besoldung[3] zwischen Beamten und Richtern, um nur ein letztes Beispiel der Ausformung der Chancengleichheit darzulegen. Auf bestimmten der Wirtschaft und des Arbeitsrechtes, aber auch auf dem Gebiet der Kommunikationsmittel gewinnt die Forderung nach Parität und Chancengleichheit als Waffengleichheit oder Pressefehde immer mehr Gehalt. Das agonale Element der Demokratie festgelegt in den Prozeßgleichgewichten der Gewaltenteilung, des Verhältnisses von Regierung und Parlament und der Opposition oder des Verhältnisses von Parlamentsmehrheit zu Parlamentsminderheit greift über auf das gesamtgesellschaftliche Verhältnis und führt dort zu stärkeren Desintegrationen und damit zum Auftreten rivalisierender Opponenten. Die mit der Desintegration verbundene Verdünnung der rechtlich geregelten Beziehungen bringt neue agonale Strukturelemente als Verhaltensmuster hervor, die dann als formale Gleichheit der Chancen, als aequalitas exacta mutuaque rechtlich verfestigt werden. Schließlich kann das sozialstaatliche Element unserer Verfassung es nicht bei der Ausbildung formaler Gleichheit bewenden lassen. Neben dem funktionellen Teilinhalt der Chancengleichheit tritt der materielle Teilinhalt, d. h. die Einwirkung auf die Sozialsphäre und damit auf die faktischen Lebensverhältnisse. Dem Begriff der Chancengleichheit wohnt, wie ausgeführt, nicht nur das formale Element exakter Gleichheit, sondern auch das materiale Element der Gleichheit der Chancen inne. Die Hinwendung

---

[3] Vgl. das Exposé zur Besoldungsparität zwischen Richtern und Verwaltungsjuristen, des Bundesverbandes der Verwaltungsbeamten des höheren Dienstes in der BRD, vom April/Mai 1968.

zur égalité en fait ist nicht ohne weiteres mit der Anerkennung exakter formaler Gleichheit gegeben. Sie kann sich beschränken auf den Raum der liberté en droit. Jedoch verlangt der Sozialstaat, wie auch die Desintegration der Rechtsbeziehungen zwischen den konkurrierenden Gruppen in der agonalen Gesellschaft die stärkere Einbeziehung und Umwandlung der sozialen Verhältnisse. Damit ist Chancengleichheit in ihren beiden Teilinhalten geradezu zum Wesensmerkmal der modernen Entwicklung geworden. Abgelöst vom Gesichtspunkt der Subjektivität der Rechtsbeziehungen entwickelt sich Chancengleichheit als objektives Prinzip in der Idee der Gleichgewichtslage oder Prozeßgleichgewichte im Staatsinnern.

Das Übergreifen der agonalen Strukturen und der Chancengleichheitsidee von parlamentarisch-demokratischen Funktionen auf den gesamtgesellschaftlichen Raum können wir mit der Homogenisierungstendenz erklären, die der demokratischen Gleichheit innewohnt.

Unter diesem Aspekt läßt sich aus die Entwicklung an den deutschen Hochschulen als Erscheinung eines umgreifenden Gesamtprozesses erklären, der natürlich auf dem Bildungssektor eine eigene Prägung erlangt hat. Das Gesetz der kleinen Zahl bestätigt sich hier durch die unzureichenden Hochschulkapazitäten auf der einen Seite und durch das Vorhandensein einer auf drei Gruppen beschränkten Zahl von rivalisierenden Interessen. Das Verlangen nach Drittelparität kann nur sinnvoll eingeordnet werden in ein Gesamtverständnis staatlicher und gesellschaftlicher Entwicklung, wenn man die dynamische Kraft der égalité en fait nicht verkennt. Die Forderung nach Homogenität der gleich zu gewährenden Chancen ist wohl einer der entscheidenden Beweggründe für die quasi-revolutionären Entwicklungen auf einem bis vor kurzem zum toten Wasser gehörenden Nebengebiet des Verwaltungsrechts[4].

Die dem Gleichheitssatz innewohnende Homogenisierungstendenz wurde bereits 1835 von Tocqueville eingehend beschrieben. Dieser Grundcharakter demokratischer Gleichheit führt dazu, daß die Gleichheitsforderung in dem Maße wächst, in welchem die Ungleichheiten abnehmen. Je mehr damit der Gleichheitssatz als Funktionsnorm an die Stelle des Gleichheitssatzes als Kontrollnorm tritt, wird seine Eigenschaft als Grenzbegriff — da absolute Gleichheit Identität bedeuten würde — von größerer Bedeutung. Die Wirkung dieses Grenzbegriffes auf der Schwelle zur Identität wird um so stärker, der Grenzbegriff selbst um so ausgeprägter, je genauer die Relationsgrößen, auf welche hin verglichen wer-

---

[4] *Hans Meyer*, DÖV 1968, 608. Die Referate von *Rupp* und *Geck* auf der Bochumer Staatsrechtslehrertagung 1968 haben eine recht zurückhaltende Stellung bezogen und versuchen, Art. 5 Abs. 3 GG aus dem Homogensierungsprozeß herauszuhalten. *Rupp/Geck*, Die Stellung der Studenten in der Universität, Berlin 1968.

den soll, durch exaktere Erfassung der Vergleichsdaten bestimmbar werden. Ob man dieser Entwicklung ein objektives oder subjektives Maßhalten[5] entgegensetzen soll, beurteilt sich nach der grundsätzlichen Werteinstellung und dem Wertverhältnis zwischen Gleichheit und Freiheit, das keineswegs als grundsätzlich kontradiktorisch aufgefaßt werden darf. Trotz der vielfach postulierten Präponderanz der Freiheit, ist es heute schon sicher, daß auf vielen Gebieten die Rückkehr zum Willkürverbot versperrt ist, und daß die Gebiete einer homogenisierten Gleichheit im Sinne einer égalité en fait wachsen. Diese Entwicklung hat niemand besser beschrieben als Tocqueville: „Der Haß, mit dem die Menschen dem Privileg begegnen, wächst in dem Maße, wie die Privilegien an Zahl und Bedeutung abnehmen, und man könnte fast sagen, daß die demokratischen Leidenschaften stärker aufflammen, sobald sie weniger Nahrung finden. Den Grund für dieses Phänomen habe ich bereits gegeben. Wenn alle Bedingungen ungleich sind, verletzt auch die größte Ungleichheit nicht, während inmitten allgemeiner Gleichförmigkeit die geringste Abweichung empörend wirkt; ihr Anblick wird um so unerträglicher, je vollständiger die Gleichförmigkeit ist. Darum ist es nur natürlich, daß die Gleichheitsliebe ständig mit der Gleichheit selbst wächst; wer sie befriedigt, gibt ihr neue Nahrung[6]."

---

[5] *Denninger*, Das Maß als Mitte von Freiheit und Zwang, ARSP 62, 315 ff.
[6] *Tocqueville*, De la Démocratie en Amérique, II, 4, 3, in der deutschen Ausgabe von Landshut, Das Zeitalter der Gleichheit, Stuttgart 1954, S. 71. *Denninger*, a.a.O., S. 323, Anm. 31; *Feldhoff*, Die Politik der egalitären Gesellschaft, Beiträge zur soziologischen Forschung, Bd. 1, Köln 1968.

Verzeichnis der benutzten Literatur im Auszug

Abel: Die Bedeutung der Lehre von den Einrichtungsgarantien für die Auslegung des Bonner GG, Berlin 1964.
Abelein: Recht auf Bildung, DÖV 1967, 375.
Aldag: Die Gleichheit vor dem Gesetz in der Reichsverfassung, Berlin 1925.
Angermann: Robert von Mohl, Neuwied 1962.
Aquin, Thomas v.: Summa theologiae II, II qu. 61, co.
Aristoteles: Nikomachische Ethik, 5, 1130 b 30—1131 a 1.
Arndt, A.: Die öffentliche Meinung, München 1962.
Arndt, H.: Die Konzentration in der Presse und die Problematik des Verleger-Fernsehens, Frankfurt/Main 1967.
Aubry: Die französische Revolution, Bd. I, Zürich 1948.
Babel: Probleme der abstrakten Normenkontrolle, Berlin 1965.
Bachof: Gedenkschrift für Jellinek, München 1955, S. 287.
— Die Rechtsprechung des Bundesverwaltungsgerichts, JZ 1966, 789, 229, 173 und 59.
— Verfassungsrecht, Verwaltungsrecht, Verfahrensrecht, Tübingen 1967.
— Die verwaltungsgerichtliche Klage auf Vornahme einer Amtshandlung, Tübingen 1951.
Bachof/Heidenhain: Die Berufsfreiheit in der Rechtsprechung des BSG, in: Rechtsschutz im Sozialrecht, Köln 1965.
Badura: Das Verwaltungsmonopol, Berlin 1963.
— Der mitwirkungsbedürftige VA mit belastender Auflage, JUS 1964, 103.
— Auftrag und Grenzen der Verwaltung im sozialen Rechtsstaat, DÖV 1968, 446/453
— Verwaltungsrecht im liberalen und sozialen Rechtsstaat, Tübingen 1966.
Baring: Zur Problematik eines Verwaltungsverfahrensgesetzes, DVBl 1965, 184.
Barion: Gleich und Ungleich in der Schulfinanzierung, DÖV 1967, 516.
Becker, H. J.: Zum Referentenentwurf, NDV 1966.
— Rechtsprechung des BVerwG zum GG, JÖR n. F. 15, 263/290.
Bender: Sozialbindung des Eigentums und Enteignung, NJW 1965, 1297; JZ 1964, 601 (= Bettermann, Die allg. Gesetze als Schranken der Pressefreiheit).
Bethge: Die Parteienfinanzierung in den Gemeinden, StT 1966, 628.
Bettermann: Zur Lehre vom Folgenbeseitigungsanspruch, DÖV 1955, 528/535.

Biedenkopf: Rechtsfragen der konzertierten Aktion, Der BB 1968, 1005/1008.

Copič: JZ 1965, 495 Anm. 13 (Berufsverbot und Pressefreiheit).

Bischofsberger: Durchsetzung und Fortbildung betriebswirtschaftlicher Erkenntnisse in der öffentlichen Verwaltung, Zürich 1964.

Böckenförde: Der allgemeine Gleichheitssatz und die Aufgabe des Richters, Berlin 1957.

— Religionsfreiheit und öffentliches Schulgebet, DÖV 1966, 30.

— Verfassungsinterpretation oder fiskalische Rücksichten?, DÖV 1967, 157.

Böhmer, G.: Verhandlungen des 44. DJT, Bd. I, 1962, Gutachten S. 76 ff.

Bosch: Verhandlungen des 44. DJT, Bd. I, Gutachten S. 50.

Brox/Rüthers: Arbeitskampfrecht, Stuttgart 1965.

Bühler, A.: Gedenkschrift für Jellinek, München 1955, S. 269.

Burghardt: Wirkungen und Grenzen der Sozialpolitik, in: Die neue Ordnung, 1961, 12.

Buri: 100 Jahre Verwaltungsgerichtsbarkeit in Deutschland, JZ 1963, 577.

Coing: Zur Geschichte des Begriffs: Subjektives Recht, Frankfurt 1959.

Copič: JZ 1965, 495 Anm. 13 (Berufsverbot und Pressefreiheit).

Czermak, F.: Unbestimmter Rechtsbegriff und Beurteilungsspielraum, DVBl 1966, 366.

Dahrendorf: Reflektionen über Freiheit und Gleichheit, in: Hamburger Jahrb. f. Wirtschafts- u. Gemeinschaftspolitik, Festgabe für E. Heimann, 4. Jg., Tübingen 1959, S. 56.

— Zur Soziologie des Richters, DRiZ 1965, 5 ff.

— Gesellschaft und Demokratie in Deutschland, München 1965.

— Über den Ursprung der Ungleichheit unter den Menschen, Tübingen 1961.

Dellian: Nachbarschutz im Wasserrecht, BayVBl 1966, 338.

Denninger: Das Maß als Mitte von Freiheit und Zwang, ARSP 62, 315; ZRP 1969, S. 42/46.

Dieckmann: Zum Erbrecht des unehelichen Kindes, FamRZ 1966, 75.

Dölle: Familienrecht, Bd. II, Karlsruhe 1965.

Dürig: Staatslexikon, Freiburg 1959, III, Sp. 984/988.

Eckhardt: Die Grundrechte vom Wiener Kongreß bis zur Gegenwart, Breslau 1913.

Ellwein: Einführung in Regierungs- und Verwaltungslehre, Stuttgart 1966.

Engelhardt, H.: Zur Klagebefugnis im Verwaltungsprozeß, JZ 1961, 588.

Eyermann/Fröhler: Verwaltungsgerichtsordnung, 4. Aufl., München 1965.

Fellner, M.: Verwaltung unter Gerichtsbarkeit, DVBl 1963, 482.

— Der unbestimmte Rechtsbegriff aus der Sicht der Verwaltung, DVBl 1966, 161, in: Fortbildungstagung bayerischer Verwaltungsrichter und Verwaltungsbeamter in Oberau, Bericht von Hefele, BayVBl 1965, 408.

Feneberg: Zum Musterentwurf eines Verwaltungsverfahrensgesetzes, DVBl 1965, 179.

Fischerhof: „Daseinsvorsorge" und wirtschaftliche Betätigung der Gemeinden, DÖV 1960, 42.

Fleiner: Institutionen des deutschen Verwaltungsrechts, 8. Aufl., Tübingen 1928.

Fobbe: Gemeingebrauch und Kraftverkehr, Stuttgart 1955.

Forsthoff: Verwaltungsrecht, 9. Aufl., München und Berlin 1966.

— Die Umbildung des Verfassungsgerichts, Festschrift für C. Schmitt, Berlin 1959, S. 36.

— Zur Problematik der Verfassungsauslegung, Stuttgart 1961.

Franke, F.-J.: Der Folgenentschädigungsanspruch, VerwArch. 57 (1966), 357.

Freund, Ismar: Die Regentschaft nach preußischem Recht, Breslau 1903.

Freund/Rehm: Modernes Fürstenrecht, München 1904.

Freyer: Theorie des gegenwärtigen Zeitalters, Stuttgart 1955.

— Die Idee der Freiheit im technischen Zeitalter, Festschrift für C. Schmitt, Berlin 1959, S. 62.

Frieauf: Das Verbot mit Erlaubnisvorbehalt, JUS 1962, 422.

Fromm, G.: Zur Reform des Personenbeförderungsrechts, DVBl 1967, 181.

Fuß, E. W.: Normenkontrolle und Gleichheitssatz, JZ 1962, 565/595.

Gallwas: Nebenwirkungen hoheitlicher Akte und Enteignungsrecht, BayVBl 1965, 40.

Göppinger: Betrachtungen zum Referentenentwurf, FamRZ 1966, 418.

Glotz/Langenbucher: Monopol und Kommunikation, Publizistik 1968, S. 137.

Groeben/Schnur/Wagener: Über die Notwendigkeit einer neuen Verwaltungswissenschaft, Baden-Baden 1966.

Groschupf: Ein Modell für das allgemeine Verwaltungsverfahrensrecht?, DÖV 1964, 189/190.

Groß, R.: Die verfassungsrechtliche Würdigung der Kooperationsformen bei Bund und Ländern, NJW 1967, 1001.

— Zur Rechtsgrundlage des Gegendarstellungsanspruchs, NJW 1963, 479.

Haak: Das Hausrecht an Behördengebäuden, DVBl 1968, 134.

Habermas: Strukturwandel der Öffentlichkeit, Neuwied 1962.

Häberle: Unmittelbare staatliche Parteienfinanzierung unter dem GG, JUS 1967, 64.

Hall: JUS 1967, 359.

Hamann: Das Grundgesetz, Berlin 1961.

Haueisen: Unterschiede zwischen Veralterungsverfahren und verwaltungsgerichtlichem Verfahren, DVBl 1966, 773.

Heckel, H.: Deutsches Privatschulrecht, Berlin - Köln 1955.

— Entwicklungslinien im Privatschulrecht, DÖV 1964, 595.

Heidenhain: Amtshaftung und Entschädigung aus enteignungsgleichem Eingriff, Berlin 1965.

Heinrichs, W.: Erfüllte Erwartungen?, DÖV 1963, 401.
Helmreich/Widtmann: BayGO, 3. Aufl., München 1966.
Herrnritt: Grundlehren des Verwaltungsrechts, Tübingen 1921.
Herzog: BayVBl 1968, 77 — BayVBl 1966, 181 Zwischenbilanz im Streit um die bundesstaatliche Ordnung, JUS 1967, 193.
Hesse, K.: Grundzüge des Verfassungsrechts, 2. Aufl., Karlsruhe 1967.
Hettlage: Die Finanzierung im Rahmen der Staatsverfassung, in: VVDStRL Heft 14, S. 32.
Heumann/Seckel: Handlexikon, 9. Aufl., 1907.
Hippel, E. v.: Staatslexikon V, Sp. 804.
Holtkotten: Bonner Kommentar, BK II B 6 d.
Hoppe: Erdgasversorgung durch gemeindliche Unternehmen, DVBl 1965, 581/586.
Huber, H.: Festgabe für Giaccometti, Zürich 1953, S. 66.
Hübschmann/Hepp/Spitaler: Abgabenordnung, Köln (Lieferung Januar 1968).
Hueck, G.: Grundsatz der gleichmäßigen Behandlung im Privatrecht, München 1958.
Hüttl, A.: Zur Auslegung des Rechts, bes. des öffentlichen Rechts, DVBl 1965, 61.
— Kooperativer Föderalismus und Gemeinschaftsaufgaben, DVBl 1967, 453.
Imboden: Staatsbild und Verwaltungsrechtsprechung, Berlin 1963.
Ipsen: Das BVerfG und das Privateigentum, AöR 91, 86.
— Rechtsfragen zur Ausgliederung des Werbefernsehens, NJW 1963, 2102.
Jäger, H.: Zum Beurteilungsspielraum, DÖV 1966, 779.
Jäckel: Grundrechtsgeltung und Grundrechtssicherung, Berlin 1967.
Jaenicke: Gefährdungshaftung im öffentlichen Recht?, VVDStRL 20, S. 135/180.
Jellinek, G.: Allgemeine Staatslehre, Berlin 1929.
— System der subjektiven öffentlichen Rechte, 2. Aufl., Tübingen 1919.
— Die Erklärung der Menschen- und Bürgerrechte, 4. Aufl., München 1927, hrsg. von W. Jellinek.
Jellinek, W.: Verwaltungsrecht, 3. Aufl., Berlin 1948.
Jesch: Unbestimmter Rechtsbegriff und Ermessen in rechtstheoretischer und verfassungsrechtlicher Sicht, AöR 82, 163 ff.
Jülich: Chancengleichheit der Parteien, Berlin 1967.
Kant: Mutmaßlicher Anfang der Menschengeschichte, 1786, Sämtl. Werke, hrsg. von G. Hartenstein, Leipzig 1867, Bd. IV, S. 325.
Kellner, H.: Der sogenannte Beurteilungsspielraum in der verwaltungsgeschichtlichen Prozeßpraxis, NJW 1966, 857.
Kelsen: Vom Wesen und Wert der Demokratie, Tübingen 1920.
— Reine Rechtslehre, Wien 1960.
Kempfe/Coermann: Thronfolge, Staatslexikon 1912, Sp. 458.

Kewenig: Die Problematik der unmittelbaren staatlichen Parteienfinanzierung, DÖV 1964, 829.

— Kooperativer Föderalismus und bundesstaatliche Ordnung, AöR 1968, S. 453.

Kieslich: Wettbewerb der Massenmedien und Konzentration im Pressewesen, Publizistik 1968, S. 180.

Klein, Friedr.: Die bisherige Rechtsprechung des BVerfG in Finanz- und Steuerfragen, in: Schriftenreihe des Instituts f. Finanzen und Steuern, H. 58, Bd. 1 und 2.

Klinger, H.: Kommentar zur VwGO, Göttingen 1964.

Klug: Juristische Logik, 2. Aufl., Berlin 1958.

Knöpfel: Der RefE über die Stellung des unehelichen Kindes, FamRZ 1966, 273.

— Der Regierungsentwurf zum Unehelichenrecht, FamRZ 1967, 581.

Koch: Der preußische Zivilprozeß, Berlin 1855.

Koehler, A.: Verwaltungsgerichtsordnung, Berlin 1960.

— Musterentwurf eines Verwaltungsverfahrensgesetzes, MdR 1964, 274.

Kölble: Finanzreform und Bundesstaatsprinzip, DÖV 1967, 1.

Koenig, K.: Kann ein behördliches Hausverbot angefochten werden?, BayVBl 1964, 14.

Kopp, O.: Die Grenzen der richterlichen Nachprüfung wertender Entscheidungen der Verwaltung, DÖV 1966, 317.

Korbmacher: Ermessen — Unbestimmter Rechtsbegriff — Beurteilungsspielraum, DÖV 1965, 696.

Krais: Handbuch der inneren Verwaltung, Würzburg 1875.

Kreittmair: Bayerisches Landrecht, CMBc, München 1894.

Krockow: Bildungssystem, Chancengleichheit und Demokratie, Schweizer Monatshefte 1964, 1061 und 1075.

Krüger, H.: Der Gleichbehandlungsgrundsatz als Rechtsgrundlage öffentlich-rechtlicher Gruppenrechte, DVBl 1955, 178 und 208.

— Die Rechtsstellung des unehelichen Kindes nach dem GG, Berlin 1960.

Kuschmann: Die Abgrenzung der Enteignung und der Aufopferung von der Amtshaftung in der Rechtsprechung des BGH, NJW 1966, 573.

Laband: Deutsches Staatsrecht I, Tübingen 1909.

Lademann: Der Gleichheitssatz in der Verwaltungsrechtsprechung, SchlHAnz 1966, 209.

Larenz: Methodenlehre der Rechtswissenschaft, Berlin 1960.

Laubadère: Manuel de droit administratif, Paris 1947.

Leibholz: Die Gleichheit vor dem Gesetz, Berlin 1959.

— Die Gleichheit vor dem Gesetz. Ein Nachwort zur Auslegung des Art. 109 Abs. 1 RV, AöR 12, 1.

Leibholz/Rinck: Grundgesetz, Kommentar, Köln 1966.

Leisner: Gefährdungshaftung im öffentlichen Recht?, VVDStRL 20, 185/228.

Lerche: Übermaß und Verfassungsrecht, Köln 1961.
— Das BVerfG und die Verfassungsdirektiven, AöR 90, 341.
— Rechtsprobleme des Werbefernsehens, Frankfurt 1965.

Lessona: Introduzione al Diretto Administrativo e sue Strutture Fondamentali, Bologna 1960.

Loerke: Hoheitliche Gewalt und Diskriminierungsverbot nach dem Montanvertrage, Hamburg 1964.

Loschelder: Über das Betriebsklima im öffentlichen Dienst, VerwArch. 54, 217/230.

Lüderitz: Armenrechtsverfahren und Rechtsmittelfrist, AcP 1965, 133, Anm. 23 und 26.

Luhmann: Die Grenzen einer betriebswirtschaftlichen Verwaltungslehre, Verw Arch. 56, 303/313.
— Grundrechte als Institution, Berlin 1965.

Lutter: Das Erbrecht des nichtehelichen Kindes, FamRZ 1967, 65.

Maihofer: Recht und Existenz, in: Vom Recht, Hannover 1963, S. 161, 172 ff.

Mang/Maunz/Mayer/Obermayer: Staats- und Verwlatungsrecht in Bayern, 3. Aufl., München 1968.

Mangoldt/Klein: Kommentar zum GG, S. 609.

Marshall, T. H.: Citizenship and Sozial Class, Cambridge 1950.

Matern: Steuerrecht und sonstiges Recht, NJW 1964, 617.

Maunz: Toleranz und Parität im Deutschen Staatsrecht, München 1953, Universitätsreden n. F., H. 5.
— Grundgesetzliche Schranken einer Wahlrechtsreform, Vortrag vom 2. 7. 1967.

Maunz/Dürig: Grundgesetz, Kommentar, München 1966.

Mayer, O.: Deutsches Verwaltungsrecht, 3. Aufl., München 1924, Neudruck Berlin 1961.

Mayer-Maly: Der Arbeitskampf — Ordnungsaufgabe und Prüfstein demokratischer Reife, RdA 1965, 134.

Meisel: BB 1966, 1027.

Menger, C.: Zur Geschichte der Verwaltungsgerichtsbarkeit in Deutschland, DÖV 1963, 726.

Menger/Erichsen: Höchstrichterliche Rechtsprechung zum Verwaltungsrecht, VerwArch. 1958, 279/283; 1962, 275/284; 1965, 374; 1966, 377; 1967, 377.

Menzel: Staatliche Parteienfinanzierung und moderner Parteienstaat, DÖV 1966, 585.

Merk, W.: Deutsches Verwaltungsrecht, Berlin 1962.

Mestmäcker: Das Diskriminierungsverbot des Vertrages über die Europäische Gemeinschaft für Kohle und Stahl, in: Kartelle und Monopole im modernen Recht, Bd. 1, S. 309 ff.
— Wirtschaft und Verfassung, DÖV 1964, 606.

Mayer/Anschütz: Deutsches Staatsrecht, Leipzig 1905.

Verzeichnis der benutzten Literatur

Meyer/Arndt: Verfassungswidrigkeit der derzeitigen Vermögensbesteuerung, BB 1965, 620.

Mirbt: Quellen zur Geschichte des Papsttums und des römischen Katholizismus, 3. Aufl., Tübingen 1911.

Monz: Die Anfechtbarkeit von Gnadenentscheidungen, NJW 1966, 137.

Morstein-Marx: Verwaltung, Berlin 1965.

— Das Dilemma des Verwaltungsmannes, Berlin 1965.

v. Münch: Die Bindung des Gesetzgebers an den Gleichheitssatz bei der Gewährung von Subventionen, AöR n. F., 46, 270/278.

Mussgnug: Die staatliche Finanzierung von Wahlkämpfen, NJW 1966, 1686.

Naumann, R.: BVerwG und Verwaltungsgerichtsbarkeit, DÖV 1963, 732.

Neumann/Morgenstern: Theory of Games and Economic Behavior, Princeton 1957.

Nipperdey (in Enneccerus/Nipperdey): Allgemeiner Teil des Bürgerlichen Rechts, Bd. I, Halbbd. I, Tübingen 1952.

Obermayer, K.: Das Verhaltensermessen der Verwaltungsbehörden, NJW 1963, 1177.

— Zur Rechtsstellung des Nachbarn im Baurecht und zum Folgenbeseitigungsanspruch, JUS 1963, 110.

Peters, H.: Lehrbuch der Verwaltung, Berlin 1949.

— Handbuch der kommunalen Wissenschaft und Praxis, 3. Aufl., Berlin 1959.

Plate: Parteienfinanzierung und Grundgesetz, Berlin 1966.

Pötzl: Lehrbuch des Verwaltungsrecht, München 1858, 2. Aufl.

Poncis, L. de: (Zitiert nach Rees, Die außerparlamentarische Entstehungsgeschichte von 1789, Bonn 1910, S. 109).

Ramm: Kampfmaßnahme und Friedenspflicht im deutschen Recht, Stuttgart 1962.

— Der Arbeitskampf und die gesellschaftliche Ordnung des GG, Stuttgart 1965.

— (Buchbesprechung des obigen von E. Stein), JZ 1967, 71.

Rauschning: Zur Methode der Entscheidung des BVerfG über die staatliche Parteienfinanzierung, JZ 1967, 346.

Redecker v. Oertzen: Verwaltungsgerichtsordnung, 2. Aufl., Stuttgart 1965.

Reuß, Hermann: Ein Jahrhundert Verwaltungsgerichtsbarkeit in Deutschland, JR 1963, 321.

Reuß, Wilhelm: Der Arbeitskampf, ein Instrument zum Klassenkampf?, RdA 1965, 133.

— Kollektivrechtliche und (gebündelte) individualrechtliche Arbeitskampfmittel, JZ 1965, 348.

Rewolle: Schwerbeschädigtengesetz, Düsseldorf 1964.

Richardi: Die Stellung des Arbeitskampfes in der gesamtwirtschaftlichen Rechtsordnung, RdA 1966, 241.

Richter: Das Konkurrenzproblem im Oligopol, Berlin 1954.

Ridder: Zur verfassungsrechtlichen Stellung der Gewerkschaften im Sozialstaat nach dem GG für die BRD, Stuttgart 1960, S. 5.

Rietdorf: Zum Musterentwurf eines Verwaltungsverfahrensgesetzes, DVBl 1964, 293 ff.

Rovo-Villanova: Elementos de Derecho Administrativa, Valladolid 1960.

Rüfner: Verwaltungsrechtsschutz im 19. Jahrhundert vor Einführung der Verwaltungsgerichtsbarkeit, DÖV 1963, 719, in: Der Staat, 1968, S. 41 und 55 ff.

Rupp: Das Urteil des BVerfG zum Sammlungsgesetz — eine Wende in der Grundrechtsinterpretation des Art. 2 Abs. 1 GG?, NJW 1966, 2037.

— Grundfragen der heutigen Verwaltungsrechtslehre, Tübingen 1965.

— Das Grundrecht der Berufsfreiheit, NJW 1965, 993.

Sarvey, O. v.: Handbuch des öffentlichen Rechts der Gegenwart, hrsg. von Marquardsen, Freiburg i. Br. 1887, Bd. I.

Schäfer, H.: Zehn Jahre BVerwG, MDR 1963, 537.

Schäffer, H.: Die Staatsform der Bundesrepublik Deutschland, Berlin 1966.

Schaumann: Gleichheit und Gesetzmäßigkeitsprinzip, JZ 1966, 721.

Scheerbarth: Die Anwendung von Gesetzen auf früher entstandene Sachverhalte, Berlin 1961.

Schelsky: Schule und Erziehung in der industriellen Gesellschaft, Würzburg 1957.

Scheuner: Juristentagsfestschrift 1960.

— Die Rechtsprechung des BVerfG und das Verfassungsrecht der Bundesrepublik, DVBl 1952, 613.

— Probleme der staatlichen Schadenshaftung nach deutschem Recht, DÖV 1955, 545/550.

— Auseinandersetzungen und Tendenzen im deutschen Staatskirchenrecht, DÖV 1966, 145/151.

Schlosser: Der Einfluß des GG auf die privatrechltiche Stellung des unehelichen Kindes, FamRZ 1963, 601.

Schmidt, R.: Der Rechtsschutz des Konkurrenten im Verwaltungsprozeß, NJW 1967, 1635.

Schmidt, W.: Die Freiheit vor dem Gesetz, AöR n. F. 91, 42.

Schmidt-Bleibtreu: Die Verfassungsbeschwerde der Gemeinden nach Bundesrecht, DVBl 1967, S. 597.

Schmidt-Salzer: Der Beurteilungsspielraum der Verwaltung, Berlin 1968.

Schmitt-Lermann: Der Versicherungsgedanke im deutschen Geistesleben des Barock und der Aufklärung, München 1954.

— Der Musterentwurf eines Verwaltungsverfahrensgesetzes, JZ 1964, 402/407.

Schnabel: Deutsche Geschichte im 19. Jahrhundert, 3. Aufl., Freiburg 1947.

Schneider, Peter: In dubio pro libertate, Festschrift DJT 1960, Karlsruhe 1960, S. 263/290.

— Pressefreiheit und Staatssicherheit, Mainz 1968, S. 119 ff.

— Menschenrechte in staatlicher Ordnung, ARSP 1967, Beiheft 40, S. 77 ff.

Schnur: (Gesammelte Beiträge) Zur Geschichte der Erklärung der Menschenrechte, Darmstadt 1964.

Scholler: Selbstbindung und Selbstbefreiung der Verwaltung, DVBl 1968, 409.

— Person und Öffentlichkeit, München 1967.

Schrödter: Die verwaltungsgerichtliche Entscheidung, Düsseldorf 1961.

— Buchbesprechung: Klaus Obermayer, Grundzüge des Verwaltungsrechts und des Verwaltungsprozeßrechts, DVBl 1966, 158.

Schüszler: Inflationsbekämpfung und föderalistische Finanzverfassung, NJW 1964, 951.

Schulte-Langforth: Jugendarbeitsschutz und Jugendfürsorge (Nachrichtendienst des Dt. Vereins für Öff. und Priv. Fürsorge), 1964, 531.

Schulz, Fritz: Prinzipien des römischen Rechts, o. O. 1934.

Schulze, H. J. F.: Das Recht der Erstgeburt in den deutschen Fürstenhäusern, Leipzig 1851.

Schunck/de Clerck: Verwaltungsgerichtsordnung, Siegburg 1961.

Schwedny: Grundbesitzbewertung und Gleichheitssatz, BB 1968, 1049.

Siebert: Verwirkung und Unzulässigkeit der Rechtsausübung, 1934.

Sievers: Bewilligung und bewilligtes Recht in der Ordnung des Wasserhaushalts, DVBl. 1965, 1.

Sohm/Mitteis/Menger: Institutionen. Geschichte und System des römischen Privatrechts, München 1926.

Spaetgens: Zur Kritik der Wertermittlungsmathematik, RdL 1964, 10.

Spanner, H.: Ein Entwurf eines Verwaltungsverfahrensgesetzes, DVBl. 1964, 845.

v. Spindler/Becker/Starke: Die deutsche Bundesbank, Grundzüge des Notenwesens und Kommentar zum Gesetz über die Errichtung der deutschen Bundesbank, S. 95.

Stackelberg: Marktformen und Gleichgewicht, Wien 1934.

Stahl: Philosophie des Rechts, 5. Aufl., Freiburg i. Br. 1878, Bd. 2.

Stahnke: Kommentar zum BBauG, Stuttgart 1965.

Stein, L. v.: Handbuch der Verwaltungslehre und des Verwaltungsrechts, Stuttgart 1870.

Stern: Ermessen und unzulässige Ermessensausübung, Berlin 1964.

— Konjunktursteuerung und kommunale Selbstverwaltung, Gutachten für den 47. DJT, München 1968, E 32—46.

— Rechtsfragen der öffentlichen Subventionierung Privater, JZ 1960, 523, NJW 1967, 1837, DÖV 1967, 659.

— Gemeindeordnung und kommunale Wirtschaftsbetätigung, BayVBl 1962, 129.

Stern/Münch: Gesetz zur Förderung der Stabilität und des Wachstums der Wirtschaft, Stuttgart - Berlin - Köln - Mainz 1967, Kommentar, S. 34, S. 59.

Thierfelder: Aus den Anfängen der Verwaltungsrechtspflege, DVBl 1963, 649.

Thomas, W.: Musterentwurf für ein Verwaltungsverfahrensgesetz, DÖV 1964, 361.

Tocqueville, A. de: Demokratie in Amerika, Frankfurt 1956, deutsche Ausgabe von S. Landshut, Das Zeitalter der Gleichheit, Stuttgart 1954.

Tönnies: Gemeinschaft und Gesellschaft, Berlin 1912.

Topitsch: Sozialphilosophie zwischen Ideologie und Wissenschaft, Neuwied 1961.

— Menschenrechte, JZ 1963, 1.

Turegg/Kraus: Lehrbuch des Verwaltungsrechts, 4. Aufl., Berlin 1962.

Ule, C. H.: Verwaltungsgerichtsbarkeit, 2. Aufl., Köln 1962.

— Preisstop für Bauland, VerwArch. 54, 345.

— Zur Bedeutung des Rechtsstaatsbegriffes in der Rechtsprechung, DVBl 1963, 481.

Ule/Becker: Verwaltungsverfahren im Rechtsstaat, Köln 1964.

Vervier: Der Rechtswechsel im öffentlichen Recht und seine Einwirkungen auf gleichwertige öffentlich-rechtliche Normen, München 1923.

Vogel, J. P.: Finanzielle Beteiligung des Staates an den Kosten freier Schulen, DÖV 1967, 17.

Vonficht: Wertermittlung im Enteignungsverfahren, BayVBl 1966, 10.

Vorbeck: Wesen und Inhalt gemeindlicher Nutzungsrechte, München 1965.

Wagner, H.: Eingriff und unmittelbare Einwirkung im öffentlich-rechtlichen Entschädigungsrecht, NJW 1966, 569.

— Ein neues Verfassungsverständnis, DÖV 1968, 604.

Weber, H.: Subventionspflicht des Staates zugunsten privater Schulen?, NJW 1966, 1798.

Weber, W.: Öffentlich-rechtliche Rechtsstellungen als Gegenstand der Eigentumsgarantie in der Rechtsprechung, AöR 91, 382.

— Verfassungsrechtliche Grenzen sozialstaatlicher Forderungen, in: Der Staat, Bd. 4, 1965.

Welzel: Das neue Mutterschutzgesetz, BB 1965, 1441.

Werner, F.: Über Tendenzen der Entwicklung von Recht und Gericht in unserer Zeit, Karlsruhe 1965.

Weyreuther: 47. DJT, München 1968, Gutachten B 20.

Wiedemann, H.: Richterliche Kontrolle privater Vereinsmacht, JZ 1968, 219.

Wintrich: Die Bedeutung der „Menschenwürde" für die Anwendung des Rechts, BayVBl 1957, 137.

Wolf, E.: Die Nachprüfbarkeit des wichtigen Grundes durch das Bundesarbeitsgericht, NJW 1961, 8.

Wolff, H. J.: Verwaltungsrecht, Bd. I, 7. Aufl., München 1968; Bd. II, 2. Aufl., München 1967.

Zacher: Bayern als Sozialstaat, BayVBl 1962, 257.

— Soziale Gleichheit, AöR 93, 341.

v. Zezschwitz: Staatliche Neutralitätspflicht und Schulgebet, JZ 1966, 337.

Zimmermann, E.: Die Preisdiskriminierung im Rechte der Europäischen Gemeinschaft für Kohle und Stahl, 1962.

Zuck: Die globalgesteuerte Marktwirtschaft und das neue Recht der Wirtschaftsverfassung, NJW 1967, 1501.

Zweigert: Zur Reform des Unehelichenrechts, JUS 1967, 241/242.

Zwingmann: Zur Soziologie des deutschen Richters in der Bundesrepublik Deutschland, Berlin 1966.

Printed by Libri Plureos GmbH
in Hamburg, Germany